CATALOGUE

DE LA

BIBLIOTHÈQUE

DE

FEU M. A. PAVET DE COURTEILLE

MEMBRE DE L'INSTITUT
PROFESSEUR AU COLLÈGE DE FRANCE
OFFICIER DE LA LÉGION D'HONNEUR
VICE-PRÉSIDENT DE LA SOCIÉTÉ ASIATIQUE
MEMBRE CORRESPONDANT DE L'ACADÉMIE IMPÉRIALE DES SCIENCES
DE SAINT-PÉTERSBOURG, ETC.

———

PARIS
ERNEST LEROUX, ÉDITEUR
28, RUE BONAPARTE, 28

—

1890

LA VENTE AURA LIEU

Le Jeudi 22 mai 1890 et les jours suivants

à huit heures précises du soir.

28, RUE DES BONS-ENFANTS, 28

SALLE N° 2.

Par le Ministère de M° **MAURICE DELESTRE**, Commissaire-priseur

27, RUE DROUOT

Assisté de **M. ERNEST LEROUX**, libraire-expert,

RUE BONAPARTE, 28.

ORDRE DES VACATIONS

		Numéros.
PREMIÈRE VACATION. — *Jeudi 22 mai*	. . . . .	135 à 425
DEUXIÈME VACATION. — *Vendredi 23 mai*	. . . . .	426 à 713
TROISIÈME VACATION. — *Samedi 24 mai*	. .	1 à 134, 714 à 841

LIVRES EN LOTS

EXPOSITION

Chaque jour de vente, de 2 heures à 4 heures.

CONDITIONS DE LA VENTE

La vente se fait au comptant.

Les acquéreurs paieront 5 p 100 en sus des euchères, applicables aux frais.

Les livres devront être collationnés dans les vingt-quatre heures de l'adjudication. Passé ce délai, ou une fois sortis de la salle de vente, ils ne seront repris pour aucune cause.

M. ERNEST LEROUX remplira les commissions des personnes qui ne pourraient assister à la vente.

CATALOGUE

DE LA

BIBLIOTHÈQUE

DE

FEU M. ABEL PAVET DE COURTEILLE

MEMBRE DE L'INSTITUT

PROFESSEUR AU COLLÈGE DE FRANCE

RELIGIONS

LA BIBLE. — CHRISTIANISME. — MAHOMÉTISME MYTHOLOGIES

1. Biblia hebraica a J. Leusden recensita. *Amstelaedami,* 1705, gros in-8, bas.

2. Biblia hebraica, secundum editionem Jos. Athiæ, a J. Leusden recognitam, aliosque codices optimos recensita, ab E. van der Hooght. *Amstelaedami,* 1705, 2 vol. in-8, veau.

3. La Genèse ; traduction d'après l'hébreu, avec distinction des éléments constitutifs du texte, par F. Lenormant. *Paris,* 1883, in-8, br.

4. Psalmi Davidis hebraici, cum interlineari versione Xantis Pagnini. *Ex Officina Plantiniana,* 1608, in-8, parch.

5. Notice sur le livre de Barlaam et Joasaph, accompagnée d'extraits du texte grec et des versions arabe et éthiopienne, par H. Zotenberg. *Paris, Imp. nat.,* 1886, in-8, br.

6. Le Talmud de Jérusalem, traduit pour la première fois par Moïse Schwab. Tomes IV à XI. *Paris,* 1881-1889, 8 vol. in-8, br.

7. Introduction historique et critique aux livres de l'Ancien et du Nouveau-Testament, par J.-B. Glaire. *Paris,* 1839-41, 6 vol. in-12, demi-rel.

8. Le Nouveau-Testament en françois, avec des réflexions

morales sur chaque verset. *Amsterdam*, 1727, 8 vol. in-12, veau.

9. Codex apocryphus Novi Testamenti, collectus, castigatus a J. A. Fabricio. *Hamburgi*, 1719-43, 2 vol. in-16, veau fauve fil.

10. Le christianisme et ses origines, par Ernest Havet. *Paris*, 1873-78, 3 vol. in-8, br.

11. Sancti Joannis Chrysostomi opera omnia quae exstant, graece et latine, opera D. Bernardi de Montfaucon. *Paris, Gaume*, 1839, 13 vol. gr. in-8 à 2 col., demi-veau fauve.

12. Fragments d'une vie de saint Thomas de Cantorbéry en vers accouplés, publiés par P. Meyer. *Paris*, 1885, pet. in-4, percal., planches, fac-similé en héliog.

13. Sermons du Père Bourdaloue, de la Compagnie de Jésus. *Paris*, 1716-27, 19 vol. in-12, veau.

14. Sermons de M. Massillon, évêque de Clermont. *Paris*, 1745-47, 14 vol. in-12, veau, tr. dor.

15. Offices complets du matin et du soir pour tous les jours de l'année à l'usage de Paris, en latin et en français, traduction nouvelle. *Paris*, 1845, 4 vol. in-18, d.-chagrin, tr. dor., fig.

16. Histoire de l'Église latine de Constantinople, par M. Belin, *Paris*, 1872, in-8, br., 3 planches.

17. Histoire de Manichée et du Manichéisme, par M. de Beausobre. *Amsterdam*, 1734-1739, 2 vol. in-4, vélin.

18. Fides et leges Mohammedis exhibitae, ex Alkorani manuscripto, auct. Th. Hacspan. *Altdorf*, 1646, in-4, br.

19. Le Mahométisme en Chine et dans le Turkestan oriental, par P. Dabry de Thiersant. *Paris*, 1878, 2 vol. in-8, dessins et carte, d.-chag.

20. Exposé de la religion des Druzes, tiré des livres religieux de cette secte et précédé de la vie du khalife Hakem-Biamr-Allah, par le baron Silvestre de Sacy. *Imprimerie royale*, 1838, 2 vol. in-8, d.-mar. bleu, n. rogn.

21. La religion nationale des Tartares orientaux mandchous et mongols comparée à la religion des anciens Chinois, par C. de Harlez. *Bruxelles*, 1887, in-8, br.

22. Opuscula mythologica, physica et ethica, graece et latine, cum notis variorum. *Amstelaedami*, 1688, in-8, vélin.

23. Recherches historiques et critiques sur les mystères du paganisme, par le baron de Sainte-Croix. Seconde édition revue et corrigée par le baron Silvestre de Sacy. *Paris,* 1817-18, 2 vol. in-8, d.-veau.

24. Des associations religieuses chez les Grecs, Thiases, Eranes, Orgéons, avec le texte des inscriptions relatives à ces associations, par P. Foucart. *Paris,* 1873, in-8, br.

25. Le sentiment religieux en Grèce d'Homère à Eschyle, par J. Girard. *Paris,* 1869, in-8, br.

26. Le cycle mythologique irlandais et la mythologie celtique, par H. d'Arbois de Jubainville. *Paris,* in-8, br.

27. Deutsche Mythologie, von Jacob Grimm. *Gœttingen,* 1835, in-8, d.-veau.

ABBAYE DE PORT-ROYAL. — MIRACLES DU DIACRE PARIS, etc.

28. Mémoires pour servir à l'histoire de Port-Royal, par M. Fontaine. *Cologne,* 1738, 2 vol. in-12, veau.

29. Histoire générale de Port-Roïal, depuis la Réforme de l'Abbaïe jusqu'à son entière destruction. *A Amsterdam, chez Jean Vanduren,* 1755-57, 10 vol. in-12, veau.

30. Mémoires historiques et chronologiques sur l'abbaye de Port-Royal des Champs. *A Utrecht,* 1755-59, 2 et 7 volumes in-12, bas.
Ensemble : 9 volumes.

31. Abrégé de l'histoire de Port-Royal, par feu M. Racine, de l'Académie Françoise. *A Cologne, aux dépens de la Compagnie,* 1742. — Mémoires pour servir à la vie de la Mère Marie Angélique Arnauld, 1737. — Relations sur la vie de la Révérende Mère Angélique de sainte Magdelaine Arnauld, 1737. — La vie de Godefroy Hermant, par A. Baillet, 1717. En un vol. in-12. — Mémoires pour servir à l'histoire de Port-Royal, 1734, 2 tom. en un vol.
Ensemble : 2 vol. in-12, veau.

32. Vies intéressantes et édifiantes des religieuses de Port-Royal et de plusieurs personnes qui leur étoient attachées. *Aux dépens de la Compagnie,* 1750-52, 4 vol. in-12, veau.

33. Vie de Monsieur de Paris, diacre du diocèse de Paris. *En France*, 1731, in-12, veau, tr. dorées.

33.*bis* Le même, 1733, nouvelle édition.

34. Vie du bienheureux François de Paris, diacre du diocèse de Paris, avec un Recueil de pièces intéressantes. Nouvelle édition. *A Utrecht*, 1743, in-12, cart.

35. Recueil de miracles opérés au tombeau de M. de Paris, diacre. *A Utrecht*, 1733-36, 3 vol. in-18, veau.

36. Miracles du diacre Paris, convulsionnaire de Saint-Médard, etc. Recueil de pièces, mandements, etc., 2 vol. in-4, veau.

> Mandements, Ordonnances, Lettres pastorales et Remontrances de l'Evesque de Montpellier. — Lettre de M. Duguet. — Miracle sur Anne Chartier. — Mandements de l'évêque d'Auxerre et de l'évêque de Senès. — Ouvrages posthumes de Mgr l'évesque de Babylone contre l'archevêque de Sens. — Acte d'appel par Anne Lefranc. — Dissertation sur les miracles, en particulier sur ceux opérés au tombeau de M. de Paris. — Lettre de l'abbé De l'Isle sur les miracles. — Lettres à un ami de province. — Mandement de l'archevêque de Paris. — Mémoire théologique sur ce qu'on appelle les secours violents dans les convulsions.

37. La vérité des miracles opérés à l'intercession de M. de Paris et autres appellans, démontrée contre M. l'Archevêque de Sens. 1737-41, 2 vol. in-4, planches, veau.

38. Vie de M. Pavillon, évêque d'Alet. *A Saint-Miel*, 1738, 3 vol. — Vie de messire Jean Soanen, évêque de Senez, *Cologne*, 1701, 1 vol. — Vie du Père de Gennes, prêtre de l'Oratoire, 1749, 1 vol. — Ensemble, 5 vol., dont 4 rel. veau et 1 broché.

39. Vie de la Mère Marie des Anges (Suireau), abbesse de Maubuisson et de Port-Royal. *Paris,* 1754, in-12, veau.

40. Les Provinciales, ou lettres écrites par Louis de Montalte, avec les notes de Guillaume Wendrock, traduites en français par M*lle* de Joncourt. *Cologne,* 1739, 4 vol. in-18, veau.

41. Pensées de Pascal, publiées dans leur texte authentique, avec un commentaire suivi par Ernest Havet. *Paris,* 1852, in-8, d.-mar. rouge.

SCIENCES

42. Magni Hippocratis Coi opera omnia, graece et latine
edita, et ad omnes editiones accommodata, industria et
diligentia J. A. van der Linden. *Ludguni Batavorum*,
1665, 2 vol. in-8, veau gaufré, tr. dor.

43. Briau (Dr. René). L'archiatrie romaine ou la médecine
officielle dans l'Empire romain. *Paris*, 1877, in-8, br. —
Un médecin de l'Empereur Claude, 1882, in-8, br. — Le
serment d'Hippocrate et la lithotomie, 1873, in-8, br.

44. La science des philosophes et l'art des thaumaturges dans
l'antiquité, par A. de Rochas. Les Pneumatiques de Hé-
ron d'Alexandrie et de Philon. *Paris*, 1882, in-8, planches, br.

45. De Rocfhas d'Aiglun. Les vallées vaudoises, étude de topographie et d'histoire militaires. *Paris*, 1881, in-8, carte,
br. — Principes de la fortification antique. 1881, in-8,
planches, br.

> On y a joint : Traité des pneumatiques de Philon. — Les pneuma-
> tiques de Héron. — Les buttes et la télégraphie optique, etc. Ens. 7 vol.
> et broch.

46. Extraits du livre des Merveilles de la Nature et des sin-
gularités des choses créées par Mohammed Ben-Moham-
med Kazwini, traduits par A.-L. Chézy. *Imprimerie impériale*, an XIV (1805) in-8, dos et coins basane.

47. Œuvres complètes de M. le Comte de Buffon. *Paris, Imp.
roy.* 1771-1787, 49 vol. in-12, portrait et planches, cart.

48. Dictionnaire des sciences naturelles, suivi d'une biographie des plus célèbres naturalistes, par plusieurs professeurs du Jardin du Roy. *Strasbourg*, 1816-1830, 60 vol.
de texte et 12 vol. de planches. Ens. 72 vol. in-8, cart.

49. La phrénologie, le geste et la physionomie démontrés
par 120 portraits, sujets et compositions, gravés sur acier.
Texte et dessins par H. Bruyères. *Paris*, 1847, gr. in-8,
planches, d. rel.

50. Les rêves et les moyens de les diriger. Observations pra-
tiques. *Paris*, 1867, in-8, planche color., d.-mar. rouge.

51. Recherches scientifiques en Orient, entreprises par les
ordres du Gouvernement pendant les années 1853-1854

par Albert Gaudry. — Partie agricole. *Imprimerie impériale*, 1855, in-8, br., planches et carte en couleurs.

BEAUX-ARTS & ARCHÉOLOGIE

52. **DÉCOUVERTES EN CHALDÉE**, par Ernest de Sarzec. Publié par les soins de M. Léon Heuzey, membre de l'Institut. Première livraison et seconde livraison en 2 fascicules. *Paris, Leroux*, 1884-89, 3 fasc. in-folio, planches.

53. **COLLECTION DE CLERCQ.** Catalogue méthodique et raisonné. Antiquités assyriennes, cylindres orientaux, cachets, briques, bronzes, bas-reliefs, etc., publié par M. de Clercq avec la collaboration de M. J. Menant, de l'Institut. Tome premier. Cylindres orientaux. *Paris, Leroux*, 1888, in-folio en un carton, planches en héliogravure et carte.

54. **MÉMOIRES PUBLIÉS PAR LES MEMBRES DE LA MISSION ARCHÉOLOGIQUE FRANÇAISE AU CAIRE,** sous la direction de M. Maspero, membre de l'Institut. *Paris, E. Leroux*, 1884-1889, 9 vol. in-4, fig. planches noires et en couleur, br.

> Tome I en 4 fasc. — Tome II. — Tome III, fasc. 1, 2. — Tome IV et tome V, fasc. 1.

55. Dictionnaire des antiquités grecques et romaines, d'après les textes et les monuments, par Daremberg et Saglio. *Paris, Hachette*, 1873-89, fascicules 1 à 13, in-4, fig., br.

56. Recueil de fac-simile pour servir à l'étude de la paléographie moderne (xvii° et xviii° siècles) publié d'après les originaux par Jean Caulek et Eug. Plantet. Première série. Rois et Reines de France, *Paris, Colin*, 1889, in-4, 24 planches, cart.

57. Bapst (Germain). Les métaux dans l'antiquité et au moyen âge. L'étain. *Paris*, 1884, in-8, 11 planches, br.

58. Berger (Philippe). Mémoires divers, 13 brochures in-8 et in-4.

> Les ex-voto de Tanit. — Inscription néo-punique de Cherchell. — Inscription d'Altiburos. — Inscriptions Nabatéennes. — L'Arabie avant Mahomet. — La Phénicie. — Pygmée, Pygmalion, etc.

59. Bulletin archéologique. Années 1885, en 4 fasc., 1886, en 4 fasc. ; 1887, en 3 fasc. ; 1888, en 3 fasc. ; 1889, fasc. 1. 2. Ens. 16 fasc. in-8, fig. et planches, br.

60. Cagnat (R.). Cours élémentaire d'épigraphie latine. *Paris,* 1886, in-8, br. — L'épigraphie. Leçon d'ouverture du cours d'épigraphie latine professé à la faculté de Lettres de Douai., br. in-8.

61. Casati (Ch.). Petits Musées de Hollande. — La Gens, Origine étrusque de la Gens romaine. — Origines étrusques du droit romain. — La civilisation étrusque d'après les monuments. — Epigraphie de la numismatique étrusque. *Paris,* 1881-87, 5 brochures, in-8.

62. Correspondance inédite du Comte de Caylus avec le P. Paciaudi, théatin (1757-65) suivie de celle de l'abbé Barthélemy et de P. Mariette, publiées par Ch. Nisard. *Imp. nat.,* 1877, 2 vol. in-8, br.

63. Clermont Ganneau. Mémoires d'archéologie. 25 brochures in-8.

Recueil d'archéologie orientale. — Mission en Palestine. — La Stèle du Temple. — La Stèle de Mésa. — Le dieu Satrape. — Sceaux et cachets. Horus et Saint-Georges. — La présentation au Temple. — Mythologie iconographique, etc.

64. Monuments antiques de Chypre, de Syrie et d'Egypte, par G. Colonna-Ceccaldi. Avec 34 planches et de nombreuses vignettes. *Paris,* 1882. gr. in-8, br.

65. Courajod. Quarante mémoires d'art et d'archéologie, in-4 et in-8.

Sculptures du Louvre. — Béatrix d'Este. — L'imitation des objets d'art antiques. — Les véritables origines de la Renaissance. — Jean Bullant. — Jean Warin. — Les arts à Crémone. — Léonard de Vinci et la statue de Francesco Sforza, etc.

66. Alexandre Lenoir, son journal et le Musée des monuments français, par Louis Courajod. *Paris,* 1878-87, 3 vol. in-8, br., fig. et planches.

67. Delisle (Léopold). Mémoires divers, 12 brochures in-8, in-4 et in-fol.

Notice sur un manuscrit de Lyon. — Notice sur un manuscrit mérovingien. — Mémoire sur les ouvrages de Guillaume de Nangis. — Les manuscrits du comte d'Ashburnham. — Les manuscrits des fonds Libri et Barrois. — Catalogue des manuscrits et chartes de M. J. Desnoyers, etc.

68. Demay (G.). Le costume au moyen âge, d'après les sceaux. *Paris,* 1880, in-4, fig. et planches, br.

69. Albert Dumont et Chaplain. Les céramiques de la Grèce

propre. Vases peints et terres cuites. Première partie. *Pa-ris*, 1881, in-4, planches, br. — Peintures céramiques de la Grèce propre. — Recherches sur les noms des artistes lus sur les vases de la Grèce. 1874, in-4, br.

70. Foucart (P.). Neuf mémoires in-8 et in-4.

> Inscription d'Andanie. — De Collegiis scenicorum artificum apud Graecos. — Les colonies athéniennes au vᵉ et au ivᵉ siècle.—L'affranchissement des esclaves par forme de vente à une divinité. — Inscription métrique de Thèbes, etc.

71. Edmond Le Blant. Mémoires d'archéologie, 9 broch.

> Rech. sur les bourreaux du Christ. — Actes de Sainte Thècle. — Les Acta martyrum. — Les bas-reliefs des sarcophages chrétiens. — La richesse et le christianisme à l'âge des persécutions. — Origine antique d'un récit inséré dans le conte arabe de Cogia Hassan, etc.

72. Heuzey (Léon). Mémoires d'archéologie. 17 brochures in-8 et in-4.

> Le trésor de Cuenca. — Recherches sur les lits antiques. — L'exaltation de la fleur. — Le dieu Bès. — Fragments de Tarse. — Origine de l'industrie des terres cuites. — Un palais grec en Macédoine. — Les fouilles de Chaldée. — Catalogue des figurines antiques du Louvre, etc.

73. Lenormant (F.). Les antiquités de la Troade et l'histoire primitive des contrées grecques. *Paris,* 1876, fasc. 1. 2, gr. in-8. illustrés, br.

74. Müntz (Eug.). Mémoires divers. 10 broch. in-8 et in-4.

> Fresques du palais des papes à Avignon. — Il tesoro di S. Pietro in Vaticano. — Atelier monétaire de Rome. — Mosaïques de Ravenne. — Monuments de Rome. — Mosaïques chrétiennes. — La peinture et l'iconographie chrétiennes.

75. Müntz (Eugène). La tapisserie. In-18, illustré, br. — Études iconographiques et archéologiques sur le moyen âge. in-18. br.

76. Perrot (G.). Cinq mémoires d'archéologie, in-8 et in-4.

> L'enlèvement d'Orithyie. — Quelques inscriptions des côtes de la Mer-Noire. — Amasia. — Les monuments de la Ptérie. — L'art de l'Asie Mineure.

77. Quicherat (Jules). Mélanges d'archéologie et d'histoire. Archéologie du moyen âge. Publ. par Rob. de Lasteyrie. *Paris,* 1886, in-8, fig. et planches, br.

NUMISMATIQUE

78. Blancard (Louis). Essai sur les monnaies de Charles Iᵉʳ. comte de Provence. *Paris,* 1868, in-8, fig. et 5 planches, br.

79. Heiss (Aloïss). Description générale des monnaies antiques de l'Espagne. *Paris, Impr. nat.*, 1870, in-4, 68 planches, br.

80. Heiss (Aloïss). Description générale des monnaies des rois wisigoths d'Espagne. *Paris, Imp. nat.*, 1872, in-4, 13 planches, br.

81. Lavoix (Henri). Catalogue des monnaies musulmanes de la Bibliothèque nationale. Khalifes orientaux. *Paris, Imp. nat.*, 1887, gr. in-8, 10 planches, demi-toile.

82. Ponton d'Amécourt. 18 mémoires divers de numismatique, in-8 et in-4.

> Description des monnaies mérovingiennes de Châlon-sur-Saône. — Essai sur la numismatique mérovingienne. — Monnaies mérovingiennes du Gévaudan. — Vies de saints traitées au point de vue de la géographie historique. — Monnaies de Touraine. — Etc.

83. Ponton d'Amécourt. Recherche des monnaies mérovingiennes du Cenomannicum. *Le Mans*, 1883, in-8, fig., br.

84. Silvestre de Sacy. Mémoires sur diverses antiquités de la Perse et sur les médailles des rois de la dynastie des Sassanides. *Imp. nation.*, 1793, in-4, planches, d. rel.

85. NUMISMATIQUE DE L'ORIENT LATIN, par G. Schlumberger. *Paris, Leroux*, 1878, in-4, 19 planches sur cuivre. — Supplément et index analytique. *Ibid.*, 1882, in-4, 2 planches et une carte. Ens. 2 vol. in-4, br.

86. SIGILLOGRAPHIE DE L'EMPIRE BYZANTIN, par G. Schlumberger. *Paris, Leroux*, 1884, in-4, avec 1,100 dessins inédits, broché.

87. Schlumberger (G.). Le trésor de San'à. *Paris*, 1880, in-4, 3 planches.

> Monuments byzantins inédits.— Éloge de M. de Saulcy.— Documents pour servir à l'histoire des thèmes byzantins. — Sceaux byzantins des xe, xie et xiie siècles. — Cinq sceaux de l'époque byzantine, etc. — Ensemble : 13 brochures in-8 et in-4.

88. Des Bractéates d'Allemagne. Considérations générales et classification des types principaux, par G. Schlumberger. *Paris*, 1873, in-8, 8 planches, br.

89. Zobel de Zangróniz. Estudio historico de la moneda antigua española desde su origen hasta el imperio romano. *Madrid*, 1878-1880, 2 vol. in-8, d. percal.

90. Lot important de plus de 400 brochures archéologiques, numismatiques, linguistiques et historiques.

OUVRAGES RELIÉS EN MAROQUIN
RELIURES ANCIENNES
OUVRAGES A FIGURES

91. BIBLIA SACRA, Vulgatae editionis, Sixti V, Pont. Max. authoritate recognita, nunc vero jussu cleri gallicani denuo edita. *Parisiis, excudebat Anton. Vitré,* 1652, 8 volumes in-12, réglés, belle reliure ancienne en maroquin rouge, filets, tr. dorées.

> On a ajouté au tome VIII : Tabulae sacrae geographicae, auct. R. P. F. Aug. Lubin. *Paris, Le Petit,* 1670.

92. La vie de N. S. Jésus-Christ, écrite par les quatre évangélistes, rédigée par l'abbé Brispot et illustrée de 130 gravures sur acier, tirées sur papier de Chine, provenant des dessins de la collection du P. Jérôme Natalis. *Paris,* 1853, 2 vol. in-fol. d. rel., tranches dor.

93. Les Confessions de saint Augustin, traduites en français par Monsieur Arnauld d'Andilly. Septième édition avec le latin à costé, reveu et corrigé par Monsieur Arnauld, son frère. *A Paris, chez Pierre le Petit,* 1659, in-8, maroq. rouge, tr. dor. (Rel. ancienne).

94. L'Office de la semaine Sainte, à l'usage de la maison du Roy. Par l'abbé de Bellegarde. *Paris, Collombat,* 1748, in-8, fig., maroq. rouge dent., tr. dor. (Aux armes de France).

95. DE LA FRÉQUENTE COMMUNION, où les sentimens des Pères, des Papes, et des Conciles touchant l'usage des sacremens de Pénitence et d'Eucharistie sont fidèlement exposez... par M. Antoine Arnauld, prestre, docteur en théologie de la maison de Sorbonne. Troisièsme édition : Sancta Sanctis. *A Paris, chez Antoine Vitré,* 1644, in-4, maroq. rouge, tr. dor. Bel exemplaire réglé, en reliure ancienne.

96. DISCOURS ET HISTOIRES DES SPECTRES, visions et apparitions des esprits, anges, démons et âmes, se moustrans visibles aux hommes... Aussi est traicté des extases

et ravissemens, de l'essence des âmes et de leur estat après
le déceds, plus des magiciens et sorciers, de leur communi-
cation avec les malins esprits, etc. Par Pierre Le Loyer,
conseiller du Roy au siège presidial d'Angers. *A Paris, chez
Nicolas Buon,* 1605, in-4, maroquin rouge, filets, tr. dor.
(Reliure ancienne).

97. Homeri Ilias et Odyssea, et in easdem scholia, sive in-
terpretatio, veterum. Item notae perpetuae, cum versione
latina. Accedunt Batrachomyomachia, Hymni et epigram-
mata, opera Josuae Barnes. *Cantabrigiae,* 1711. 2 vol.
in-4, fig. Exemplaire réglé, dans une belle reliure en maroquin vert à comp., doublée en soie, tranches dorées. gardes
en soie (Bozérian jeune),

98. LES AMOURS PASTORALES DE DAPHNIS ET DE
CHLOÉ, Longi Pastoralium, de Daphnide et Chloe libri
quatuor, graece et latine. Editio nova, una cum emenda-
tionibus uncis inclusis. *Lutetiae Parisiorum, in gratiam
curiosorum,* 1754, in-4, avec 29 planches d'Audran, un
frontispice de Coypel et des vignettes de Cochin et d'Eisen.
Texte encadré d'un double filet orné, sur fort papier vergé.
Reliure ancienne en maroq. rouge fil., dos orné, tr. dorées.

99. ACHILLIS TATII ALEXANDRINI EROTICA, Sive de
Clitophontis et Leucippes amoribus, libri VIII, ex editione
Cl. Salmasii, graece et latine. *Lugd. Batavor., apud Franc.
Hegerum,* 1690, in-12, reliure ancienne en maroquin rouge
fil., tr. dor.

100. M. TULLII CICERONIS OPERA, recensuit J. N. Lalle-
mand. *Parisiis, Barbou,* 1768. 14 vol. in-12, portrait, reliure ancienne en maroquin rouge fil., tr. dor.

101. PUBLII VIRGILII MARONIS Bucolica, Georgica et
Aeneis, ad optimorum exemplarium fidem recensuit Rich.
Franc. Phil. Brunck. *Argentorati,* 1785, gr. in-8, pap. vélin, reliure ancienne en maroquin rouge, fil., dos orné, tranches dorées (Aux armes de Miromesnil).

102. C. CLAUDIANI quae exstant, Nic. Heinsius recensuit,
cum variorum commentariis. *Amstelodami, ex Officina Elzeviriana,* 1665, in-8. Exemplaire en belle reliure ancienne.
maroquin rouge, fil., tr. dor.

103. M. VALERII MARTIALIS epigrammatum libri, ad optimos codices recensiti et castigati. *Lutetiae Parisiorum,*
typis *Jos. Barbou,* 1754, 2 vol. in-12, pap. fort, front. gravé

et 2 vignettes d'Eisen, belle reliure ancienne en maroq. rouge, dos orné, fil., tr. dor.

104. ŒUVRES DE M. DE SACY, de l'Académie françoise, contenant les lettres de Pline le Jeune, le Panégyrique de Trajan par le même Pline, et le Traité de l'Amitié. Nouvelle édition revue et corrigée par l'auteur. *A Paris, par la Compagnie des Libraires*, 1722, in-4. Belle reliure en maroquin rouge fil., dos orné, tranches dorées. (Aux armes de la comtesse d'Artois).

105. Thesaurus linguarum orientalium turcicae, arabicae, persicae, opera Francisci a Mesgnien Meninski. A la fin : Grammatica Turcica. *Viennae*, 1680, 4 vol. — Complementum Thesauri seu Onomasticum. *Viennae*, 1687, 1 vol. Ens. 5 vol. in-folio, maroquin rouge, filets, tranches dorées. (Reliure ancienne).

> Très bel exemplaire, mais avec une trace de timbre au titre et à la première page de chaque volume.

106. TUTTE LE OPERE DI NICOLO MACHIAVELLI, cittadino et secretario florentino, divise in cinque parti et di nuovo con somma accuratezza ristampate. *S. l.*, M. D. L., 5 parties en un vol. in-4, maroq. rouge, filets, tr. dor. (Reliure ancienne).

107. LES ŒUVRES DE MAISTRE FRANÇOIS RABELAIS, docteur en médecine, contenant cinq livres de la vie, faicts et dicts héroïques de Gargantua et de son fils Pantagruel, plus la prognostication pantagruéline... *Imprimé suyvant la première édition censurée en l'année* 1552, in-16, d. rel. dos et coins maroq. rouge du Levant.

108. Michaelis Hospitalii Galliarum Cancellarii epistolarum seu sermonum libri sex. *Lutetiae, in officina Rob. Stephani*, 1585, in-folio, veau, tranches dorées.

> On a joint à l'exemplaire une lettre autographe, en latin, de Michel de l'Hospital.

109. Traité de la sagesse de Charron. (Manque le titre). In-16, mar. à comp., tr. dor. (Reliure fatiguée).

110. LE ROMANT COMIQUE DE M. SCARRON. *Amsterdam, chez Pierre Mortier*, s. d., in-12, jolie reliure maroquin rouge du Levant, fil., dent. int., tr. dor. (Hardy).

111. Vida y hechos del ingenioso hidalgo Don Quixote de la Mancha, compuesta por Miguel de Cervantes Saavedra. Nueva edicion, corregida y ilustrada con estampas. *En*

Amberes, por J.-B. Verdussens, 1719. 2 vol. in-8. fig., demi-rel. dos et coins maroq. rouge, tête dor., fil.

112. L'INGÉNIEUX CHEVALIER DON QUIXOTE DE LA MANCHE. *Paris, Desoer*, 1821, 4 vol. in-12, avec les figures de Devéria. Belle reliure en maroquin rouge. dent. intér., tranches dorées (Capé).

113. Histoire de l'admirable Don Quichotte de la Manche, traduction de Filleau de Saint-Martin. *Paris,* 1825, 6 vol. in-8, d.-veau, fig. de Devéria.

114. LE THÉATRE DE P. CORNEILLE. Nouvelle édition, revue, corrigée et augmentée, enrichie de figures en taille douce. *A Amsterdam, chez L'Honoré et Chatelain*, 1723, 5 vol. in-12; portrait et figures. — LE THÉATRE DE T. CORNEILLE. Nouvelle édition revue, corrigée et augmentée, enrichie de figures en taille douce. *A Amsterdam, chez Zacharie Chatelain,* 1733, 5 vol. in-12, portrait et figures. Ens. 10 volumes, reliure en maroquin rouge filets, tranches dorés. (Boyet). Armoiries sur les plats.

115. Œuvres de Molière, avec des remarques grammaticales, par M. Bret. *Paris,* 1804, 6 vol. in-8, veau gran., fig. de Moreau.

116. Œuvres complètes de Molière, avec les variantes. Nouvelle édition. *Paris, de Bure,* 1825, gr. in-8, à 2 col.. portrait, veau brun gaufré, tr. dor. (Thouvenin).

117. LES AVENTURES DE TÉLÉMAQUE, fils d'Ulysse, par M. de Fénelon. Avec figures de Cochin et de Moreau le jeune. *Paris, de l'imprimerie de Monsieur,* 1790, 2 vol. gr. in-8, pap. vélin, demi-maroq. rouge non rogné. (Reliure ancienne).

118. Colomba, par Prosper Mérimée, avec deux eaux fortes de Champollion. *Paris, Charpentier,* 1878, in-16, d.-rel. dos et coins mar. rouge, tête dor.

119. Historiae Augustae scriptores sex. Aelius Spartianus, Julius Capitolinus, Aelius Lampridius, Vulcatius Gallicanus, Trebellius Pollio et Flavius Vopiscus; Isaacus Casaubonus recensuit et annotavit. *Parisiis, apud A. et H. Drouart,* 1603, in-4, maroq. rouge à comp., dos orné, tranches dor. (Reliure ancienne).

120. A. Gislenii Busbequii omnia quae extant. Cum privilegio. *Lugd. Batavorum, ex officina Elzeviriana,* 1633, in-16, maroq. rouge fil., tr. dor. (Reliure ancienne).

121. HISTOIRE GÉNÉRALE DES HUNS, des Turcs, des Mogols et des autres Tartares occidentaux, etc. Par Deguignes. *Paris*, 1756-58, 4 vol. en 5 tomes in-4. maroq. rouge dos orné, tr. dor.

> Bel exemplaire de Lamoignon et de Brunet.

122. Mœurs et usages des Turcs, leur religion, leur gouvernement civil, militaire et politique, avec un abrégé de l'histoire ottomane, par M. Guer, avocat. *A Paris, chez Coustelier*, 1746-1747. 2 vol. in-4, avec figures de Boucher, Hallé et Duflos, reliure ancienne en maroquin rouge, fil., dos orné, tr. dorées.

> Bel exemplaire de M. Cousin, mais auquel manquent les 4 planches :
> Bajazet en cage, Mort d'Irène, Charité des Turcs, Turcs en prière.

123. Histoire de France depuis Faramond jusqu'à maintenant, par François de Mezeray. *Paris, Mathieu Guillemot*, 1643-1651. 3 vol. in-folio, veau, tranches rouges, portraits et fig.

124. Relation d'un voyage fait au Levant, dans laquelle il est curieusement traité des Estats sujets au Grand Seigneur, des mœurs, religions, langues, coustumes, etc. Par M. de Thevenot. *A Paris, chez Thomas Jolly*, 1665, in-4, portrait, veau, filets (Armoiries).

> Bel exemplaire, mais avec titre remonté.

125. Relation d'un voyage du Levant, fait par ordre du Roy, par M. Pitton de Tournefort. *Paris, Imp. roy.*, 1717, 2 vol. in-4, planches, veau fauve, filets, tr. dor. (Armoiries).

126. VOYAGE DE M. SHAW dans plusieurs provinces de la Barbarie et du Levant.... traduits de l'anglois. *La Haye, Jean Neaulme*, 1743, 2 vol. in-4, fig. et cartes, maroq. rouge fil., dos orné. (Derome.)

127. JOURNAL DU VOYAGE DE SIAM fait en 1685 et 1686, par M. L. D. C. *Paris, Cramoisy*, 1687, in-4, reliure ancienne en maroq. rouge fil., dos orné, tranches dorées, (Armoiries).

128. VOYAGE EN TURQUIE ET EN PERSE, exécuté par ordre du gouvernement français pendant les années 1846-1848, par Hommaire de Hell. *Paris*, 1854-1860, 4 vol. in-8, planches, d.-mar. rouge, tête dorée. — Atlas historique et scientifique, planches de Jules Laurens. *Paris*, 1859, gr. in-folio, demi-maroq. rouge, tête dorée.

129. La Bretagne ancienne et moderne, par Pitre-Chevalier,

illustrée par Leleux, Penguilly, T. Johannot. *Paris, Co-
quebert*, gr. in-8, nomb. illustr., d.-mar.

130. Principali vedute di Roma e suoi d'intorni disegnate da
valenti artisti. *Roma, 1857*, in-4, oblong, d.-rel.

131. DESCRIPTION DES NOUVEAUX JARDINS de la France
et de ses anciens châteaux, mêlée d'observations sur la vie
de la campagne et la composition des jardins, par Alexandre de Laborde. Les dessins par C. Bourgeois. *Paris, de
l'Imprimerie de Delance*, 1808, in-folio, nombreuses planches, pap. vélin, non rogné, cart.

132. La collection de Statues du Marquis de Marigny, direc-
teur et ordonnateur général des bâtiments, jardins, arts,
académies et manufactures du Roi (1725-1781). Catalogue
descriptif, par Eug. Plantet. *Paris, Quantin*, 1885, gr. in-8,
avec 28 héliogravures, br.

133. Les richesses du Palais Mazarin, par le comte de Cosnac. Correspondance inédite de M. de Bordeaux, ambassadeur en Angleterre. Etat inédit des tableaux et des tapis-
series de Charles Ier mis en vente au palais de Somerset
en 1650. Inventaire inédit dressé après la mort du Cardi-
nal Mazarin en 1661. *Paris, Renouard*, 1884, gr. in-8, fig.
et planches, br.

134. Les marques d'honneur de la maison de Tassis. *A An-
vers, en l'imprimerie Plantinienne de Balthazar Moretus*.
1645, in-fol., veau, front. gravé, portrait, planches et bla-
sons.

LITTÉRATURE

CLASSIQUES GRECS

135. Bibliothèque d'Apollodore, l'Athénien, traduction nouvelle par E. Clavier. *Paris*, an XIII (1805), 2 vol. in-8,
veau rac.

136. Aristophanis comoediae undecim, graece et latine, cum
notis variorum, curante P. Burmanno Secundo. *Lugd. Batav.*, 1760, 2 tom. en un vol. in-4, vél.

137. Arriani expeditionis Alexandri libri septem et historia indica, graece et latine cum notis G. Raphaelii. *Amstelaedami*, 1757. in-8. vélin.

138. Charitonis Aphrodisiensis, de Chaerea et Callirrhoe amatoriarum narrationum libri octo, graece edidit J. P. d'Orville, latine vertit J.-J. Reiskius, cum notis *Amstelaedami*, 1750, in-4, vélin à comp. dor.

139. Diogenis Laertii de vitis, dogmatibus et apophtegmatibus clarorum philosophorum libri X, graece et latine, cum notis variorum, edid. M. Meibomius. *Amstelaedami*, 1692, in-4 vél.

140. In Diogenem Laertium Aegidii Menagii observationes... Ejusdem historia mulierum philosopharum, etc. *Amstelaedami*, 1692, in-4, vélin.

141. Dïonis Cassii historiae romanae quae supersunt, cum notis H. Valesii, J.-A. Fabricii et aliorum, graeca emendavit, latinam versionem limavit, lectiones adjecit H.-S. Reimarus. *Hamburgi*, 1750-52, 2 vol. in-folio, vélin.

142. Philostrate. De la vie d'Apollonius Thyanéen, en VIII livres, de la traduction de B. de Vigenere, reveue par J. Morel. *Paris, L'Angelier*, 1611. 2 vol. in-4, bas.

143. Philostrati heroica ad fidem codd. mss. recensuit, scholia graeca addidit J.-F. Boissonade. *Paris, Delance*, 1806, in-8, vél.

144. Porphirius de antro Nympharum, graece et latine edid. Van Goens. — De abstinentia ab esu animalium libri quatuor, cum notis variorum. *Trajecti ad Rhenum*, 1765-67, en un vol. in-4, vél.

145. Strabonis rerum geographicarum libri XVII, cum notis Casauboni et aliorum, graece et latine. *Amstelaedami*, 1707, 2 vol. in-folio, vélin.

146. Stephanus de Urbibus, graece et latine, cum notis Thomae de Pinedo. *Amstelodami*, 1678, in-folio. vélin.

147. Thucydidis de bello Peloponnesiaco libri octo, graece et latine, edidit J. Hudson. *Oxoniae*, 1696, in-fol., d.-rel.

148. Thucydide. Histoire de la guerre du Péloponnèse, livres I et II, texte grec publié par A. Croiset. — Les plaidoyers politiques de Démosthène, Ire série Leptine, Midias. Ambassade, Couronne, texte grec publié par H. Weil. *Paris*, 2 vol. in-8. br.

149. Xenophontis scripta quae supersunt, graece et latine. *Paris, Didot*, 1860, gr. in-8 à 2 col. d.-rel.

150. Theocriti reliquiae utroque sermone, cum scholiis graecis et commentariis Henr. Stephani, Ios. Scaligeri et Casauboni, edid. J.-J. Reiske. *Viennae*. 1765-1766. 2 vol. pet. in-4, d.-rel.

LANGUE ET LITTÉRATURE LATINES

151. Les tables Eugubines, texte, traduction et commentaires, avec une grammaire, une introduction historique et un index, par M. Bréal. *Paris*, 1875, 2. vol. in-8 de texte et un album in-4 de planches en héliog.

152. Écriture et prononciation du latin savant et du latin populaire et appendice sur le chant dit des Frères Arvales, par Georges Edon. *Paris, Belin*, 1882, in-8, planches, br.

153. Nouvelle étude sur le chant Lémural, les Frères Arvales et l'écriture cursive des Latins, par G. Edon. *Paris*, 1884, in-8, br. 27 fac-simile.

154. Classiques Latins. Édition Barbou. 7 vol. in-12, veau, fig. tr. dor.

> Virgile. 2 vol. — Cornelius Nepos. 1 vol. — Horace. 1 vol. — Catulle, Tibulle et Properce. 1 vol. — Juvénal. 1 vol. — Salluste. 1 vol.

155. Les Moralistes sous l'empire Romain. Philosophes et Poètes, par C. Martha. *Paris*, 1864, in-8, br.

156. Les fabulistes latins depuis le siècle d'Auguste jusqu'à la fin du moyen-âge, par L. Hervieux. Phèdre et ses anciens imitateurs directs et indirects. *Paris*, 1883, 2 vol, in-8, br. pap. de Hollande.

157. C. Julii Caesaris quae extant, ex emendatione J. Scaligeri. *Lugd. Batav., Elzevir*, 1635, in-16, veau, filets, tr. d'or.

158. Catulli, Tibulli, Propertii opera interpretatione et notis illustravit Ph. Silvius. Jussu Christianissimi Regis, in usum Delphini. *Parisiis, ex typ. F. Leonard*, 1685, 3 vol. in-4, veau fauve, fil., tr. dor.

> Avec une dédicace, à l'orientale, signée S. D. S.

159. M. T. Ciceronis epistolae ad T. Pomp. Atticum et ad M. Brutum, cum commentariis Io. Bapt. Pii Bononiensis. *Venumdantur ipsi Ascensio et Joanni Roigny, Parisii*, 1531, in-fol., veau, tr. dor. (Reliure fatiguée).

160. M. Tullii Ciceronis opera omnia. cum notis variorum. *Amstelodami, Elzevir*, 1661, in-4. parch.

161. Annaeus Florus. C. Salmasius addidit Lucium Ampelium e cod. ms. nunquam antehac editum. *Lugd. Batav., Elzevir*. 1638, in-12, veau.

162. Juvénal et ses satires. études littéraires et morales par A. Widal. *Paris*, 1869. in-8. br.

163. Lucanus. De bello civili, cum notis variorum. cura C. Schrevelii. *Amstelod., Elzevir*. 1669. in-8, parch.

164. Luciani Samosatensis opera: ex versione Joannis Benedicti cum notis variorum. *Amstelodami, Blaeu*, 1687, 2 vol. in-8, vélin.

165. Ovidii Nasonis opera. Daniel Heinsius textum recensuit. Accedunt breves notae ex collatione codd. Scaligeri. *Lugd. Batavorum, Elzevir*, 1629, 3 vol. in-16, veau fauve, fil., tr. dor.

166. Ovidii Nasonis operum tomi tres cum integris Nic. Heinsii notis, studio Borchardi Cnippingii. *Amstelodami*, 1702. 3 vol. in-8, veau fil., tr. dor.

167. Titi Petronii Arbitri Satyricon quae supersunt, cum notis variorum, curante P. Burmanno. *Trajecti ad Rhenum*, 1709, in-4, vél.

168. M. Fabii Quintiliani oratoris eloquentissimi, institutionum oratoriarum libri XII. *Parisiis, ex offic. Rob. Stephani*, 1542, in-4, veau.

169. Senecae tragœdiae. cum notis variorum. *Amstelodami*, 1682, in-8, parch.

170. Les douze Césars, traduits du latin de Suétone par M. de La Harpe. *Paris*, 1770, 2 vol. in-8, veau rac.

171. Cornelius Tacitus. ex Lipsii editione. *Lugduni Batavorum, Elzevir*, 1634, in-12, vélin.

172. Terentii Comœdiae, ex recensione Heinsiana. *Lugd. Batavorum, Elzevir*, 1635, in-12, vélin.

173. Titi Livii historiarum libri, ex recensione Heinsiana. *Lugd. Batavorum, Elzevir*, 1644, 3 vol in-12. veau fauve, filets.

174. Œuvres de Virgile, texte latin publié avec un commentaire critique et explicatif par E. Benoist. *Paris*, 1876-1882. 3 vol. in-8. br.

LANGUE ET LITTÉRATURE FRANÇAISES

175. Dictionnaire historique de la langue française publié par l'Académie française. Tome I en deux parties. — Tome II en quatre parties. — Tome III, parties 1, 2 et 3. *Paris,* 1858-1887. 9 fascicules in-4, br.

176. Introduction à l'étude de la littérature celtique, par d'Arbois de Jubainville. *Paris,* 1883, in-8, br.

177. Arbois de Jubainville (d') Mémoires divers, 12 brochures in-8.

> Phonétique et dérivation bretonne. — Les Celtes et les langues celtiques. — Littérature ancienne de l'Irlande. — Mythologie irlandaise. — Noms de lieux celtiques. — Etude sur le droit celtique, etc.

178. Aug. Longnon. Mémoires divers. 14 broch.

> L'Ile de France. — Les quatre fils Aymon. — Girard de Roussillon dans l'histoire. — Le Morvois. — Huon de Bordeaux. — L'ancien diocèse de Paris. — Notes sur la géographie de la Gaule, etc.

179. Paul Meyer. Mémoires divers. 8 broch. in-8.

> La prise de Damiette en 1219.— L'histoire de Guillaume Le Maréchal. — Introduction de la Chanson de la Croisade contre les Albigeois. — Les premières compilations françaises d'histoire ancienne. — La langue romane du midi de la France. — La vie de Saint-Grégoire le Grand. — Récit de la première croisade, etc.

180. Paris (Gaston). Huit mémoires in-8.

> La chanson du pèlerinage de Charlemagne. — Paulin Paris et la littérature française au moyen age. — Le lai de l'épervier. — Le Juif-Errant. — Mainet. — La vie de Saint-Alexis, etc.

181. Gautier (Léon). Les Epopées françaises, *Paris,* 1878, tome Ier. — Histoire de la poésie liturgique au moyen age, les Tropes, tome Ier. *Paris,* 1886. 2 vol. in-8, br.

182. La chaire française au moyen âge, spécialement au XIIIe siècle, par Lecoy de la Marche. *Paris,* 1886, in-8, d. toile.

183. Le Romant comique de M. Scarron. *A Paris chez Guillaume de Luyne,* 1668-69. 2 vol. in-12, veau.

184. Chefs-d'œuvre de P. Corneille, publiés par V. Fabre et H. Le Corney, 5 vol. — Chefs-d'œuvre de T. Corneille publiés par H. Le Corney. 1 vol. *Paris,* 1833, ensemble, 6 vol., in-8, br.

185. Les caractères de Théophraste et de La Bruyère, avec des notes par M. Coste. *Paris,* 1765, in-4, veau.

186. Fables de la Fontaine. *Paris, De Bure,* 1823, 2 vol. in-16, tr. dor., portr., bas. verte.

187. Œuvres de Jean Racine. *Paris,* an VII (1799), 5 volumes, in-12, veau fauve.

188. Œuvres complètes de J. Racine. Nouvelle édition collationnée sur les meilleurs textes. *Paris, De Bure.* 1829, gr. in-8, à 2 col., bas. verte, portrait.

189. Aventures de Télémaque par Fénelon. *Paris.* 1827, in-8, planches, veau.

190. Les quatre poétiques d'Aristote, d'Horace, de Vida, de Despréaux, avec les traductions et des remarques par M. l'abbé Batteux. *Paris.* 1771, 2 vol. in-8, veau antique, grand papier.

191. Voltaire. Œuvres dramatiques. 1775, 9 vol. in-8, fig., texte encadré, veau éc.

192. Histoire de Gil Blas de Santillane, par M. Le Sage. Nouvelle édition. *Paris,* 1771, 4 vol. in-12, bas.

193. André Lemoyne. Les charmeuses et les roses d'antan. — Paysages des Bois et des Grèves, poésies. *Paris, Didot,* 2 vol. in-8, br., eaux fortes.

194. De quelques parisianismes populaires et autres locutions des xviie, xviiie et xixe siècles, par Ch. Nisard. *Paris,* 1876, in-18, d.-veau.

195. Bladé (J.-F.). Contes populaires recueillis en Agenais, 1874. — Poésies populaires en langue française recueillies dans l'Armagnac et l'Agenais. 1879. — Proverbes et devinettes populaires recueillies dans l'Armagnac et l'Agenais, 1880. — Seize superstitions populaires de la Gascogne, 1881. — Quatorze superstitions populaires de la Gascogne, 1883. Ens. 5 vol. et broch. in-8.

196. Patois des Alpes Cottiennes et en particulier du Queyras, par Chabrand et de Rochas, d'Aiglun. *Grenoble,* 1877, in-8, br.

LANGUES ET LITTÉRATURES EUROPÉENNES

197. Grammaire comparée des langues indo-européennes, comprenant le sanscrit, le zend, l'arménien, le grec, le

latin, le lithuanien, le slave, le gothique et l'allemand, par F. Bopp, traduite par Michel Bréal. *Paris, Imp. imp.*, 1866-74, 5 vol. gr. in-8, demi-mar. bleu.

198. Alde Manuce et l'hellénisme à Venise, par Amb. Firmin Didot. *Paris*. 1875, in-8, portraits, d. maroq., tête dor.

199. Legrand (Emile). Grammaire grecque vulgaire de Nicolas Sophianos. *Paris*, 1874, in-8. pap. de Hollande, br.

Ensemble : Les oracles de Léon le Sage. — Histoire de Ptocholéon. — Histoire du roi d'Ecosse et de la reine d'Angleterre. — Apokopos ou le repos du soir. — Documents inédits sur l'histoire de la Révolution française. — Le Choix d'une femme, comédie politique. — Textes en grec moderne et traductions, 6 volumes et brochures.

200. Recueil de chansons populaires grecques, publiées et traduites pour la première fois. par Em. Legrand. *Paris,* 1873, in-8, br.

201. Recueil de poèmes historiques en grec vulgaire relatifs à la Turquie et aux Principautés danubiennes. publiés et traduits par E. Legrand. *Paris, Leroux*, 1877. in-8. br.

202. Les exploits de Digenis Akritas, épopée byzantine du Xe siècle publiée par C. Sathas et E. Legrand. *Paris*, 1875, in-8, en feuilles, dans un carton, pap. de Hollande.

203. Analyse de la langue albanaise, étude de grammaire comparée, par L. Benloew. *Paris*, 1879, in-8, br.

204. Histoire des littératures slaves par Pypine et Spasovic. traduit du russe par E. Denis. — Bulgares, Serbo-Croates, Yougo-Russes. *Paris, Leroux*, 1881, in-8, br.

205. Chodzko (A). Grammaire paléoslave. *Paris, Imp. imp.*, 1869, in-8, br.

206. Makaroff (N.). Dictionnaire français-russe et russe-français. *Saint-Pétersbourg,* 1870-74, 4 tom. en 2 vol. gr. in-8, demi-chag.

207. Schwan (C.-F.) Dictionnaire français-allemand. *Mannheim*, 1787-1793. 4 vol. in-4. d. r. — Dictionnaire allemand-français. *Ibid.* 1782-1784, 2 vol. in-4, veau. Ens. 6 vol.

208. Le dictionnaire royal françois-anglois et anglois-françois par M. A. Boyer. Nouvelle édition publiée par M. Fierville. *Londres*, 1796, 2 tomes en 1 vol. in-4, demi toile.

209. Thomas Moore. Lalla Rookh, poème traduit par J. Thomassy. *Paris, Leroux*, 1887. in-8. br.

210. Dictionnaire espagnol-français et français-espagnol par D. Gildo. *Paris*, 1881, 2 vol. in-12, percaline.

211. La divina Commedia di Dante Alighieri, per opera di G. A. Volpi. *Padova*, 1727, pet. in-8, portr., veau.

212. Poesie del signor abbate Pietro Metastasio poeta e bibliotecario cesario. *Parigi*, 1773, 6 volumes, in-18, veau.

213. Erasmi Roterod. colloquia, nunc emendatiora. *Amstelodami, ex officina Elzeviriana*, 1662, in-12, parchemin.

LANGUES ET LITTÉRATURES ORIENTALES

Hébreu, Syriaque, Arménien, Malais, etc.

214. Alphabeta varia linguarum orientalium. *Romae, typis Sac. Congregationis de propag. fide*, 1774-73, en 2 vol. in-16, vélin.

> Grec, hébreu, géorgien, slave, indien, persan, tibéthain, éthiopien, arabe, arménien, birman, brahmanique, chaldaïque, copte, étrusque.

215. Castelli Edm. Lexicon heptaglotton, cum brevi grammatica. *Londini*, 1669, 2 vol. in-folio, vélin blanc.

216. Buxtorfii Joh. lexicon chaldaicum, talmudicum et rabbinicum. *Basileae*, 1640, in-folio, portrait, parch.

217. Robertson et Leusden. Lexicon novum hebraeo-latinum. *Ultrajecti*, 1687, in-8, parch.

218. Lexicon manuale hebraicum et chaldaicum cum indice latino vocabulorum : auctore J.-B. Glaire. *Parisiis*, 1843, in-8, d.-r.

219. Le Livre d'Hénoch sur l'amitié, traduit de l'hébreu par A. Pichard. *Paris*, 1838, in-8, d. veau.

220. Lexicon syriacum aut. Aegidio Gutbirio. *Hamburgi*, 1667, in-8, vél.

221. Castelli (Edm.) Lexicon syriacum. *Gœttingae*, 1788, in-4, d. maroq.

222. Hoffmann (A.T.) Grammaticae Syriacae libri tres. *Halae*, 1827, in-4, d.-v.

223. Gregorii Abulpharagii, sive Bar-Hebraei, Chronicon Syriacum ; e codicibus Bodleianis descriptum, syriace edide-

runt et verterunt P.-J. Bruns et G.-G. Kirsch. *Lipsiæ*, 1789,
2 vol. pet. in-4, veau rac.

224. Chestomathia syriaca, sive S. Ephraemi carmina selecta
cum glossario. Ediderunt A. Hahn et F. -L. Sieffert. *Lipsiæ*,
1825, in-8, d.-r.
(Exemplaire interfolié).

225. Dictionaire anglais-arménien. *Venise*, impr. arménienne
de Saint-Lazare, in-4, veau, tr. dorées. (manque le titre).

226. Histoire Universelle par Étienne Açogh'ig de Daron, traduite de l'arménien par E. Dulaurier. 1re partie. *Paris, Leroux*, 1883. in-8, br.

227. Grammaire et dictionnaire abrégés de la langue berbère
composés par feu Venture de Paradis, revus par Amédée
Jaubert. *Imprimerie royale*, 1844, in-4, br.

228. Essai de grammaire de la langue tamachek, par A. Ha-
noteau. *Imp. impér.*, 1860, in-8, d.-chag.

229. Grammaire et vocabulaire de la langue poul, à l'usage
des voyageurs dans le Soudan, par le général Faidherbe.
Paris, 1882, in-18, perc., carte.

230. Marre (Aristide). Makôta-Radja-Râdja, la couronne des
Rois, traduit, du malais. *Paris*, 1877, in-18, br.
On y a joint : Le livre des proverbes malais. — L'instruction primaire
chez les Chinois de Java. — Code malais des successions. — Notes de
philologie malaise, etc. Ens. 1 vol. et 6 broch.

Égyptien et Assyrien.

231 Catalogue général des monuments d'Abydos, découverts
pendant les fouilles de cette ville, par Aug. Mariette. *Paris,
Imp. nat.*, 1880, in-4, demi-toile.

232 Le Concile de Nicée d'après les textes coptes et les diverses collections canoniques. Premier fascicule. Par Eug. Revillout. *Paris*, 1881, in-8, br.

233. Revillout (Eugène). Chrestomathie démotique. *Paris*,
1880, 4 vol. in-4, br.

234. Un poëme satyrique, composé à l'occasion de la mala-
die du poète musicien, hérault d'insurrection Hor'uta, par
Eug. Revillout. *Paris*, 1885, in-4, br.

235. Cours de droit égyptien, par Eug. Revillout. 1er volume. L'état des personnes. *Paris, Leroux*. 1884. in-8, br.

236. Les obligations en droit égyptien comparé aux autres droits de l'antiquité par Eug. Revillout, et appendice sur le Droit de la Chaldée par V. et E. Revillout. *Paris, Leroux*, 1886, in-8, br.

237. Revillout (Eugène). Mélanges d'égyptologie. — Rituel de Pamonth. — n°ˢ de la Revue égyptologique. — Papyrus démotique, etc. Ens. 14 broch. in-4.

238. Revillout (Eug.). Mémoires divers. 6 broch. in-8.

Le concile de Nicée, d'après les textes coptes. — Discours d'ouverture du cours de démotique. — L'étalon d'argent. — Fermage du temps d'Amasis. — Un prophète Jacobite. — Anciennes monnaies hébraïques.

239. Robiou (Félix). Mémoire sur l'économie politique, l'administration et la législation de l'Egypte au temps des Lagides. *Imp. nat.*, 1876, in-8, br.

240. Robiou (Félix). Mémoires divers 7 broch. in-8 et in-4.

Questions d'histoire égyptienne. — Observ. sur l'archéologie dite préhistorique. — Les doctrines religieuses de l'ancienne Egypte. — La religion de l'ancienne Egypte. — L'Avesta et son origine. — Apollon dans la doctrine des mystères, etc.

241. Mélanges de critique et d'histoire relatifs aux peuples sémitiques, par J. Halévy. *Paris*, 1883, in-8, br.

242. J. Halévy. Mémoires d'assyriologie. 7 broch. in-8.

Aperçu grammatical sur l'allographie assyro-babylonienne. — La prétendue langue d'Accad. — La nouvelle évolution de l'accadisme. — Recherches bibliques. 2 fasc. — Notes assyriologiques. — Les inscriptions peintes de Citium.

243. La langue primitive de la Chaldée et les idiomes Touraniens, par F. Lenormant. *Paris*, 1875. in-8, br.

244. Lenormant (François). Études accadiennes. Tome I, parties. 1, 2, 3. — Tome II, partie 1. — Tome III, parties 1 et 2. *Paris*, 1873-1880, 6 vol. in-4, br.

245. Lenormant (F.) Études cunéiformes. *Paris*, 1878-1879, 4 fasc. in-8, br.

246 Lenormant (François). Les syllabaires cunéiformes. Édition critique. *Paris*, 1877, in-8, br. — Étude sur quelques parties des syllabaires cunéiformes. Essai de philologie assyrienne. *Ibid.*, in-8, br. Ens. 2 vol.

247. Lenormant (F.). La magie chez les Chaldéens et les origines accadiennes. *Paris*, 1874, in-8, br.

248. Die Magie und Wahrsagekunst der Chaldæer von F. Lenormant. *Iena*, 1878, in-8, br.

249. Lenormant (François). Mémoires divers. 14 broch. in-8.
    Monnaies royales de la Lydie. — Les dieux de Babylone et de l'Assyrie. — L'accadien et les langues touraniennes. — Une incantation chaldéenne. — Il mitodi Adone-Tammuz. — not. sur Longpérier, etc.

250. Le peuple et la langue des Mèdes, par J. Oppert. *Paris*, 1879, in-8, br.

251. Inscription assyrienne archaïque de Samsî — Rammàn IV, Roi d'Assyrie, (824-811 av. J.-C.) transcrite, traduite et commentée par le P. V. Scheil. *Paris*, 1889, in-4, br.

Pâli. — Sanscrit. — Hindoustani.

252. Inscriptions sanscrites du Cambodge par A. Barth. *Paris*, 1885, in-4, br. et atlas in-fol, carton. (Tome XXVII 1ʳᵉ partie des Notices et Extraits des Manuscrits.)

253. Les inscriptions de Piyadasi, par E. Senart. Tome premier. Les quatorze édits. Tome second. Les édits sur piliers, les édits détachés, l'auteur et la langue des édits. *Paris, Imp. nat.*, 1881-1886, 2 vol. in-8, br.

254. Kaccàyana et la littérature grammaticale du pàli. 1ʳᵉ partie. Grammaire pàlie de Kaccàyana, Sûtras et commentaire, publiés avec une traduction et des notes, par E. Senart. *Paris, Imp., nat.*, 1871, in-8, br.

255. Radices linguae sanscritae, edid. N. L. Westergaard. *Bonnae ad Rhenum*, 1841, in-4, bas.

256. Le Mahabharata. Onze épisodes traduits par P. E. Foucaux. *Paris*, 1862, in-8, br.

257. Le Mahàvastu, texte sanscrit publié pour la première fois et accompagné d'introductions et d'un commentaire, par E. Senart. Tome premier (seul paru). *Paris, Imp. nat.*, 1882, in-8, br.

258. La reconnaissance de Sacountala, drame sanscrit et pracrit de Calidasa, publié et traduit par A.-L. Chèzy. *Paris*, 1830, in-4, d.-veau.

259. La reconnaissance de Sacountala, drame en sept actes, traduit du sanscrit, par P. E. Foucaux. *Paris*, 1868, in-18,

père. — Sacountala, traduit par A. Bergaigne et P. Lehugeur. *Paris*, 1884, in-18, br.

260. Le Lalita Vistara, développement des jeux, contenant l'histoire du Bouddha Çakya Mouni, traduit du sanscrit par Ph.-Ed. Foucaux. *Paris, Leroux*, 1884, in-4, br. (Tome VI des Annales du Musée Guimet.)

261. Essai sur la légende du Buddha, son caractère et ses origines, par E. Senart. 2ᵉ édition. *Paris, Leroux*, 1882, in-8, br.

262. A dictionary hindustani and english with a copious index, by J. Shakespear. Third edition. *London*, 1834, in-4, d.-rel.

263. Rudimens de la langue hindoustani, par Garcin de Tassy. *Imp. roy.*, 1829. — Appendice, 1833, 2 part. en un vol. in-4, d.-rel.

264. Chrestomathie hindie et hindouie, par Garcin de Tassy. *Paris, Imp. nat.*, 1849, in-8, br.

265. Histoire de la littérature Hindoui et Hindoustani par M. Garcin de Tassy. *Paris*, 1839-1847, 2 vol. in-8, d.-veau.

266. Garcin de Tassy. La langue et la littérature hindoustanies, de 1850 à 1869. *Paris*, 1874, in-8, br. — La langue et la littérature hindoustanies en 1870, en 1872, en 1874, en 1875, en 1876, 5 vol. in-8, br. — Les auteurs hindoustanis et leurs ouvrages. *Paris*, 1868, in-8, br. et 3 broch. Ens. 10 vol. et broch.

267. Sihr-ool-Buyan or Musnewee of Meer Husun, being a history of the prince Be Nuzeer in hindoostanee verse. *Calcutta*, 1805, in-4, d.-r.

268. Les Œuvres de Wali publiées en hindoustani par M. Garcin de Tassy. *Imprimerie royale*, 1834, in-4, br., 1 planche en fac-simile.

269. Garcin de Tassy. Les aventures des Kamrup, publiées en hindoustani et traduites. *Paris*, 1834-1835, 2 vol. — Mémoire sur la religion musulmane dans l'Inde, 1831. — Chapitre inconnu du Coran, 1844. — Monologue dramatique indien et autres mémoires. En un vol. in-8, d.-rel.

270. Allégories, récits poétiques et chants populaires, traduits de l'arabe, du persan, de l'hindoustani et du turc, par Garcin de Tassy. *Paris, Leroux*, 1876, in-8, br.

271. Bag O Bahar, le jardin et le printemps, poème hin-

doustani, trad. en français par Garcin de Tassy. *Paris, Leroux,* 1878, in-8, br.

LANGUE ARABE
Grammairiens arabes.

272. Le livre de Sibawaihi. Traité de grammaire arabe par Sibouya, dit Sibawaihi. Texte arabe, publié par Hartwig Derenbourg. *Paris,* 1881-89, 2 tomes en 3 vol. in-8, br.

273. *Kafiah.* Traité de grammaire arabe. *Boulaq,* in-8, rel. or. —

274. Ibn Akil's Commentar zur Alfijja des Ibn Malik, aus dem arabischen von F. Dieterici, *Berlin,* 1852, in-8, d.-maroq.

275. Molla Djami. Traité de grammaire arabe, en arabe. *Constantinople,* 1254 (1838), pet. in-4, rel. or. à rec.

276. La pluie de rosée, étanchement de la soif. Traité de flexion et de syntaxe, par Ibnu Hijâm, traduit par A. Goguyer. *Leyde,* 1887, in-8, br.

277. *Kitab el murrab.* Traité de la conjugaison. *Boulaq,* 1261, in-8, cart.

278. *Asas el bina.* Commentaire grammatical, sur les mots indéclinables. *Constantinople,* 1250, in-8, rel. or. à recouv.

279. *Isaghoudji.* Traité de rhétorique. *Boulaq,* 1263. in-8, cart.

280. Traité d'art poétique, en arabe. *Constantinople,* 1261, in-8, cart.

Grammaires et chrestomathies composées par des Européens.

281. Thomæ Erpenii grammatica arabica, cum fabulis Locmanni. etc. Edid. A. Schultens. *Lugduni Batavorum,* 1748, pet. in-4, veau.

282. GRAMMAIRE ARABE, à l'usage des élèves de l'École spéciale des Langues orientales vivantes, avec figures, par

le baron Silvestre de Sacy. Seconde édition, à laquelle on
a joint un Traité de la prosodie et de la métrique des Arabes. *Paris*, 1831, 2 vol. in-8, portrait, demi-maroquin bleu.

283. Grammaire arabe vulgaire pour les dialectes d'Orient et
de Barbarie, par Caussin de Perceval. *Paris*, 1833, in-8,
d.-r.

284. Théorie nouvelle de la métrique arabe, précédée de considérations générales sur ce rhythme naturel du langage,
par S. Guyard. *Imp. nation.*, 1877, in-8, br.

285. S. de Sacy. Chrestomathie arabe. Tomes II et III, comprenant la traduction. *Paris*, 1806, 2 vol. in-8, veau rac.

286. CHRESTOMATHIE ARABE par Silvestre de Sacy. Seconde édition, corrigée et augmentée. *Paris, Imp. roy.*,
1826-1827, 3 tom. en 4 vol. in-8, demi-veau vert.

   On a relié en un volume à part les textes arabes.

287. Grangeret de Lagrange. Anthologie arabe. *Paris, Imp.,
roy.*, 1828, in-8, d.-r.

288. Chrestomatie élémentaire de l'arabe littéral, avec un
glossaire, par H. Derenbourg. *Paris*, 1885, in-18, br.

289. La rhétorique des nations musulmanes, d'après le traité
persan intitulé : Hadayik ul-Balagat par Garcin de Tassy.
Paris, Imp. roy., 1844-1848, 5 fasc. — Prosodie des langues
de l'Orient musulman, 1848. En un vol. in-8, d.-veau.

290. Rhétorique et prosodie des langues de l'Orient musulman par Garcin de Tassy. 2e édition. *Paris*, 1873, in-8, br.

Dictionnaires.

291. Dictionnaire français-arabe, par Ellious Bocthor, revu
par Caussin de Perceval. *Paris*, 1828, in-4, d.-chag.

292. Dictionnaire arabe-français par A. de Biberstein Kazimirski. *Paris*, 1860, 2 vol. in-8, demi-maroq.

293. Dictionnaire arabe-français par le R. P. Cuche. *Beyrouth*,
1862, in-8, basane.

294. Dictionnaire arabe-français (langue écrite), par Aug.
Cherbonneau. *Paris*, 1876, 2 vol. in-16, perc.

Le Coran. — Droit musulman. — Sciences.

295. Pentateuchus Mosis, arabice. *Lugduni-Batavorum*, 1622, petit in-4, parchemin.

296. J. Derenbourg. Commentaire de Maimonide sur la Mischnah Seder Tohorot publiée en arabe et en hébreu. *Berlin*, 1886-1887, 2 vol. in-8, br. — J. de Capua. Directorium vitae humanae, version latine du livre de Kalilah et Dimnah. 1er fasc. *Paris*, 1887, in-8, br. Ens. 3 vol.

297. Le Koran, texte arabe publié par Flügel. *Leipzig*, in-4, d.-maroq.

298. Concordantiae Corani arabicae, edid. G. Flügel. *Lipsiae*, 1842, in-4, d.-veau.

299. Le Koran, traduction sur le texte arabe par A. de Biberstein Kazimirski. *Paris*, 1852, in-18, d.-r.

300. *Meftah el Tefsir* : La clef des commentaires, le flambeau des versets du Coran, concordances des versets du Coran par Esseid Elhafiz Mehemmed escherif, ancien mufti de Kutahié. *Constantinople*, 1289, pet. in-4, rel. orient. à recouvr.

> Ce livre qui a pour objet de faciliter la recherche de l'interprétation des versets du Coran dans les divers commentateurs, présente sur chaque page, d'après l'ordre alphabétique du premier mot du verset, le texte de ce verset, avec l'indication de la sourate et du *djuze*, puis, en regard, à l'autre page, le volume et la page des commentaires où il se trouve expliqué.

301. Caab ben Zoheir carmen panegyricum in laudem Muhammedis, item Amrulkeisi Moallakah, cum versione latina, edid. G.-J. Lette. *Lugd. Bat.*, 1748, pet. in-4, d.-rel.

302. Code musulman par Khalil (Rite malékite-statut réel). Texte arabe et nouvelle traduction par N. Seignette. *Constantine*, 1878, in-8, d.-toile.

> On a relié dans le même volume : Le Code pénal traduit en arabe par Seignette. *Paris*, 1882.

303. Concordances du Manuel de droit de Sidi Khalil, dressées d'après l'ordre des racines sur l'édition de Paris, par E. Fagnan. *Alger*, 1889, in-8, br.

304. Précis de Jurisprudence musulmane suivant le rite malékite, par Sidi Khalil. *Paris*, 1855, in-8, br.

305. Études sur la loi musulmane (rit de Malek) par B. Vincent. *Paris*, 1842, in-8, br.

    — 30 —

306. Droit musulman. Recueil de lois concernant les musulmans Schyites, par A. Querry. *Paris, Imp. nat.*, 1871-1872, 2 vol. gr. in-8. demi-chag.

307. Livre des règles de la médecine par Ebn Sina (Avicenne), suivi de quelques opuscules sur la logique, la physique et la métaphysique. *Romae, in typog. Medicea*, 1593, 3 part. en 1 vol. in-fol., broché.

    (Tout arabe).

308. *Kitab takrir oçoul li-Euqlides.* Livre des éléments d'Euclide, de la révision de Khoudjah Naçir Eddin de Thous. *Rome, imp. de Médicis*, 1594, in-folio, broché, 454 pages.

Textes arabes et traductions.

309. Bibliotheca geographorum arabicorum, edidit M. J. de Goeje. *Lugduni Batav.*, 1870-79, tomes I à IV, 4 vol. in-8, d.-maroq.

    1. Al Istakhri. Viae regnorum. — 2. Ibn Haukal. Viae et regna. — 3. Al Mokaddassi. Descriptio imperii moslemici. — 4. Indices, glossarium, etc.

310. Relation de l'Égypte, par Abd-Allatif médecin arabe de Bagdad, publiée, traduite et annotée, par Silvestre de Sacy. *Imp. impér.*, 1810, in-4, cart.

311. KITAB UL AGANI AL KABIR par Abou Faradj Ali al Isfahàni. Le livre des chansons, en arabe. *Boulaq*, 1285 (1868), 20 tomes en 10 vol. in-4, demi-veau fauve.

    C'est le recueil le plus important de poésies arabes qui nous soit parvenu: on y retrouve toutes les poésies anté-islamiques. Chaque morceau est accompagné de la vie de son auteur, de celle du musicien, et suivi de l'explication grammaticale des mots difficiles.

312. Specimen historiae Arabum sive Gregorii Abul Farajii de Origine et moribus Arabum, opera et studio Ed. Pocockii. *Oxoniae*, 1650, in-4, parchemin (Exemplaire taché).

313. Chroniques d'Aboulféda. *Boulaq*, 1286, 4 tom. en 2 vol. in-4, dem. rel.

314. Géographie d'Aboulféda, texte arabe publié par Reinaud et de Slane. *Imp. roy.*, 1840, in-4, d. r.

315. Géographie d'Aboulféda, traduite de l'arabe en français par Reinaud et Guyard. *Paris*, 1848-1883, 2 tom. en 3 vol. in-4, d.-veau.

316. Le Collier d'or, texte arabe, par Abou-Nasser-el-Fatah-ben-Grakan. *Paris*, 1864, gr. in-8, br.

317. Histoire d'Alà Al-din ou la lampe merveilleuse. Texte arabe publié par H. Zotenberg. *Paris, Imp. nat.*, 1888, gr. in-8, br.

318. *Alif Laïlat wa Laïlat*. Les Mille et une Nuits, en arabe. *Boulaq*, 1279 (1862). 4 vol. in-4, rel. orient. à recouvr.

319. Descriptionem Al-Magribi, sumtam e libro regionum Al-Jaqubii, edid. M. J. de Gœje. *Lugd. Batav.*, 1860, in-8, d.-mar.

320. Les oiseaux et les fleurs, allégories morales d'Azz-eddin Elmocadessi, publiées en arabe, avec une traduction et des notes, par M. Garcin de Tassy. *Paris, Imp. roy.*, 1821, in-8, veau gaufré.

321. El-Bekri. Das geographische Wœrterbuch, nach den Handschriften herausgegeben von F. Wüstenfeld. *Gœttingen*, 1876-1877, 2 vol. in-8, demi-chagr.

322. Contes du Cheykh El-Mohdy, traduits de l'arabe par J.-J. Marcel. *Paris*, 1835, 3 vol. in-8, planches, d. rel.

323. Enis El-Djelis ou histoire de la belle persane, conte des Mille et une Nuits trad. de l'arabe par A. de Biberstein Kazimirski. *Paris*, 1846, in-8, d.-r.

324. Divan de Férazdak, récits de Mohammed-Ben-Habib d'après Ibn-El-Arabi, publié et traduit par R. Boucher. *Paris*, 1870-1875. 4 livraisons in-4, br. (Tout ce qui a paru de cet ouvrage).

325. Pend-Namèh, ou le Livre des Conseils de Férid-Eddin. Attar. trad. et publié par M. le baron Silvestre de Sacy. *Imprimerie royale*, 1819, in-8, d.-veau, texte encadré.

326. HAJI KHALFA. Lexicon bibliographicum et encyclopaedicum, primum edidit, latine vertit et commentario indicibusque instruxit G. Fluegel. *Leipzig*, 1835-1858, 7 vol. in-4, veau antique, fil.

327. Les séances de Hariri, publiées en arabe, avec un commentaire choisi, par Silvestre de Sacy. 2e édition publiée par Reinaud et Derenbourg. *Paris Imp. roy.* 1847-1853. 2 vol. in-4, demi-veau.

328. Voyages d'Ibn Batoutah. Texte arabe accompagné d'une

traduction par Defrémery et Sanguinetti. *Paris,* 1853-1858, 4 tomes et index en 4 vol. in-8, d.-maroq.

329. Les prolégomènes d'Ibn Khaldoun, traduits en français et commentés par M. de Slane. *Imprimerie impériale,* 1863-1868. 3 vol. in-4, br.

330. Ibn Challikani vitae illustrium virorum, e pluribus manuscriptis nunc primum arabice edidit, variis lectionibus, indicibusque locupletissimis instruxit Ferd. Wüstenfeld. *Gottingae,* 1835-1840, 13 fasc. et 2 suppléments, en 2 vol. in-4, perc., avec une carte de Palestine.

331. IBN EL ATHIRI Chronicon, quod perfectissimum inscribitur, edid. C.-J. Tornberg. *Lugduni Bat.,* 1867-1874, 14 tom. reliés en 7 vol. gr. in-8, demi-chag.

332. Das arabische hohe Lied der Liebe, das ist Ibnol Fàridh's Tàijet. Text und Uebersetzung von Hammer-Purgstall. *Wien,* 1854, gr. in-8, encad. dor., d.-veau.

333. JACUT'S GEOGRAPHISCHES WŒRTERBUCH, aus den Handschriften zu Berlin, St Petersburg und Paris, herausgegeben von Ferdinand Wüstenfeld. *Leipzig,* 1866-1870, 6 vol. in-8, demi-maroq.

334. Dictionnaire géographique, historique et littéraire de la Perse et des contrées adjacentes, extrait de Yaqout par C. Barbier de Meynard. *Imp. imp.,* 1861, gr. in-8, demi-veau.

335. Les séances de Hariri, publiées en arabe, avec un commentaire choisi par le baron Silvestre de Sacy. *Paris, Imp. roy.,* 1822, in-fol., veau rac.

336. Lexicon geographicum cui titulus est : Meraçid al-itthila, e duobus codd. mss. nunc primum arabice edidit Juynboll. *Luyd. Batav.,* 1850-1862, 6 tom. en 4 vol. in-8, d.-rel.

337. Maçoudi. Les Prairies d'Or, texte et traduction par Barbier de Meynard et Pavet de Courteille. *Paris,* 1861-1877, 9 vol. in-8, dem. chagrin, (le dernier volume contenant l'index).

338. *El Khoulaçat el Nakiet fi umerà Afrikiyet.* Résumé de l'histoire de tous les princes qui ont régné dans l'Afrique du Nord, depuis la conquête arabe jusqu'au temps présent, par Mohammed el-Bìg'i el Maçoudi. *Tunis,* 1283 (1863), in-8, d. v. f.

339. Histoire des Sultans Mamlouks de l'Égypte, écrite en arabe par Taki-Eddin-Ahmed-Makrizi, traduite en français, et accompagnée de notes philologiques, historiques et géographiques par M. Quatremère, *Paris*, 1845, 2 vol. in-4, percal.

340. *Kitab waritat es Solouk fi siacet el mulouk*, par le Sultan Mousa ben Yousouf Abou Hammoù ben Ziàn el Abd el Wàdi. *Tunis*, 1279 (1862), in-8, d.-veau.

341. Histoire de l'expédition des Français en Égypte, par Nakoula el-Turk, publiée et traduite par Desgranges. *Paris, Imp. roy.*, 1839, in-8, br.

342. Nozhet-Elhàdi. Histoire de la dynastie saadienne au Maroc (1511-1670) par Mohammed Ésseghir Ben Elhadj ben Abdallah Eloufràni, texte arabe publié par O. Houdas. *Paris, Leroux*, 1888, in-8, br.

343. Le Maroc de 1631 à 1812, extrait de l'ouvrage intitulé Ettordjemân Elmoarib'an Douel Elmachriq ou 'Imaghrib de Aboulqàsem Ben Ahmed Ezziani; publié et traduit par O. Houdas. *Paris, Leroux*, 1886, in-8, br.

344. Ousâma ibn Mounkidh. Un émir syrien au premier siècle des Croisades (1095-1188) par Hartwig Derenbourg. 1re partie. Vie d'Ousâma (chap. I-V). 2e partie, texte arabe de l'autobiographie d'Ousâma. *Paris, Leroux*, 1886-1889, 2 vol., in-8, br.

345. Arabum proverbia, vocalibus instruxit, latine vertit, commentario illustravit G. W. Freytag. *Bonnæ ad Rhenum*, 1838-1843, 3 vol. in-8, d.-veau.

346. Recueil d'adages et de pensées détachées, empruntés pour la plupart aux langues orientales, par Ch. Duchenoud. *Paris*, 1867, in-18, br. — Choix splendide de préceptes cueillis dans la loi; petit manuel de droit immobilier, trad. par Goguyer. *Paris*, 1885, in-18, br.

347. Roudh el-Kartas. Histoire des souverains du Maghreb et annales de la ville de Fès, traduit de l'arabe, par G. Beaumier. *Paris*, 1860, in-8, d.-maroq.

348. Poésies arabes de Sélim effendi Andjoury. *Beyrouth*, 1886, in-8, br.

349. *Kitab Selwan el Motah*. La consolation du prince. Célèbre recueil d'apologues moraux et politiques qui a été traduit en italien par M. Amari. *Tunis*, 1279 (1862), in-8. d.-veau.

350. Chronique de Tabari, traduite sur la version persane d'Abou-Ali Mohammed Bel'ami, par H. Zotenberg. *Paris*, 1867-1874, 4 vol. in-8, d.-maroq.

351. Les colliers d'or de Zamakhschari, suivis de : Les assimilations d'or, imitation du livre précédent, par Abdel Moumin elmaghrebi elisfahâni. *Constantinople*, 1289, in-12, cart.

352. Les colliers d'or de Zamakhschari. Édition de Beyrouth, in-8, cart.

353. Les colliers d'or, allocutions morales de Zamakhschari, texte arabe suivi d'une traduction française et d'un commentaire philologique, par C. Barbier de Meynard. *Imprimerie nationale*, 1876, in-8, d.-maroq. bleu.

On a relié ensemble : Les Pensées de Zamakhschari, en arabe et en français, par Barbier de Meynard. *Imp. nat.*. 1876.

354. Lettres de Youssouf Pacha Karamanlik, bey de Tripoli, à Louis-Philippe et à M. Sébastiani, ministre des affaires étrangères, de Hadji Mohammed Tcheleby, ministre des finances, à M. Desgranges, de Ahmed pacha, bey de Tunis, au Roi, etc. Autographié. In-fol., br.

LANGUE PERSANE

Grammaires. — Dialogues. — Dictionnaires.

355. *Bourhani Kati*. Dictionnaire persan. *Boulaq*, 1222, in-folio, d.-maroq. rouge.

356. *Qavaidi Farsiyé*. Grammaire persane en turc. *Constantinople*, 1253, in-8, d.-r.

357. Gazophylacium linguae Persarum, cum triplici linguarum clavi, italicae, latinae, gallicae, authore P. Angelo a S. Joseph. *Amstelodami*, 1684, in-folio, vélin.

358. Grammaire persane de sir William Jones, publiée par Garcin de Tassy. *Imp. roy.*, 1845, in-18, d.-veau.

359. Grammaire persane, par A. Chodzko. *Imp. nat.*, 1852. in-8, d.-r.

360. Chrestomathie persane à l'usage des élèves de l'école

spéciale des Langues orientales vivantes. publiée par Ch. Schefer. *Paris, Leroux*, 1883-1885, 2 vol. in-8. d.-veau fauve.

361. Dialogues persans-français. par J.-B. Nicolas. *Paris*, 1857, in-8, d.-r.

362. Dialogues français-persans. précédés d'un précis de la grammaire persane et suivis d'un vocabulaire français-persan, par A. de Biberstein Kazimirski. *Paris*, 1883. un fort vol. in-18, d.-maroq. rouge.

363. Dictionnaire français-persan, par J.-B. Nicolas. *Paris*, 1885-1887, 2 vol. in-18, perc.

364. Bibliographie de la Perse. par M. Schwab. *Paris*, 1876. in-8, br. — La poste des Califes et la poste du Shah, par P. Hugonnet. *Paris*, in-8, br. une eau forte et une carte.

Textes persans et traductions.

365. Histoire de l'Asie centrale (Afghanistan, Boukhara Khiva, Khoqand) depuis les dernières années du règne de Nadir Châh (1153) jusqu'en 1233 de l'Hégire (1740-1818), par Mir Abdoul Kérim Boukhary, publiée, traduite et anno-, tée par Ch. Schefer. *Paris, Leroux*, 1876, in-8, d.-veau fauve.

366. *Derbend Nàmeh. Lithog. à Tebriz*, 1272-73. pet. in-4, cart.

367. Derbend-Nàmeh. or the history of Derbend. translated from a turkish version and published by Mirza A. Kazem-Beg. *Saint-Pétersbury*, 1851, in-4. d.-v.

368. *Mesneri*, célèbre poème mystique comprenant près de 40,000 distiques, par Djelal ed-din Roumi (1207). Texte persan, avec traduction turque en regard, caractères ta'liq. *Boulaq*, 6 tom. en 3 vol. in-folio, cart.

369. *Divan de Hafiz. Constantinople*, 1255, pet. in-4, rel. orient.

370. *Divani Fouzouli*. Recueil des poésies de Fouzouli. Autographié. 1266, gr. in-8, d.-rel. orient.

371. Les Quatrains de Khèyam, traduits du persan. par J.-B. Nicolas. *Imprimerie impériale*, 1867. in-8, d.-r.

372. Voyage de Manockji, chef des Guèbres, en Perse. En persan. *Lithog. à Téhéran*, 1889, in-8, perc.

373. Mantic Uttaïr ou le langage des oiseaux, poème de philosophie religieuse par Farid Uddin Attar, publié en persan et traduit par Garcin de Tassy, suivi de : la Poésie philosophique et religieuse chez les Persans. *Imprimerie impériale*, 1857-1863, 2 tom. en un vol. in-8, d.-veau.

374. *Medjnoun u Leïla*, poème de Mektéby. Texte persan avec figures. *Lithographié à Téhéran*, in-8, d.-v.

375. Menoutchehri, poète persan du xi° siècle de notre ère (du v° de l'hégire). Texte, traduction, notes et introduction historique. par A. de Biberstein Kazimirski. *Paris*, 1886, gr. in-8, demi-toile.

376. The life of Sheikh Mohammed Ali Hazin, written by himself ; edited from two persian manuscripts by F.-C. Belfour. *London*, 1831, in-8, d.-r.

377. Mirza Ali Akber Khan, Orthoèpie française, en français, et en persan, texte et transcription. *Lithog. à Téhéran*, 1304, (1887) in-4, obl., br.

378. *Mirat el Bouldan Naciri*, par Mohammed Khan Saniédoulch. *Lithog. à Téhéran*, en 1294, gr. in-8, demi-maroq., fig. dans le texte.

378*bis* — Le même, broché.

379. *Moussibet Nameh*. Le martyre de Hussein. Téazié, traduction turque. *Lithog. à Tebriz*, pet. in-4, fig., cart.

380. Les Joyeusetés d'Obéid Zakani. Recueil d'anecdotes célèbres par la pureté du style et la verve caustique, publié par A. Ferté. *Constantinople*, 1303 (1886), in-8, br.

381. Relation de l'ambassade au Kharezm de Riza Qouly Khan, traduite et annotée par Ch. Schefer, *Paris, Leroux*, 1879, in-8 avec une carte. — Recherches archéologiques et historiques sur Pékin et ses environs, par le Dr E. Bretschneider, traduction de V. Collin de Plancy. *Paris, Leroux*, 1879, in-8 avec plans. — Les 2 ouvrages en 1 vol. in-8, d.-veau fauve. — Texte persan de l'Ambassade au Kharezm, in-8, d.-r.

382. Le Boustan de Sadi. *Boulaq*, 1288, in-8, cart.

383. Le Boustan ou Verger, poème persan de Saadi, traduit pour la première fois en français, avec une introduction et

des notes, par A.-C. Barbier de Meynard. *Paris, Leroux,* 1880, in-18, d.-maroq. rouge.

384. The Rose-Garden of Hindoostan, translated from Shykh Sadee's persian Goolistan, by Meer Sher Ulee Ufsos under the direction of J. Gilchrist. *Calcutta,* 1802, in-8, veau.

385. *Gulistani Sadi.* Le Gulistan, en persan. *Lithog. à Constantinople,* 1263, in-8, d.-v.

386. Le Gulistan de Sadi. *Lithog. à Constantinople,* 1276, in-8, cart.

387. Le Gulistan de Sadi, en persan. Texte revu et corrigé par Ahmed Véfik effendi. *Constantinople, Imp. impér.,* 1286, pet. in-8. d.-veau.

> La prose est imprimée en neskhi et les vers en ta'liq.

388. Gulistan ou le parterre de roses, par Sadi, trad. du persan par Ch. Defrémery. *Paris,* 1858, in-18, br. — Abrégé du roman hindoustani intitulé la Rose de Bakawali. *Paris,* in-8, d.-r.

389. Sefer Nameh, Relation du voyage de Nassiri Khosrau en Syrie, en Palestine. en Egypte, en Arabie et en Perse pendant les années de l'hégire 437-444 (1035-1042), publié, traduit et annoté par Ch. Schefer. *Paris, Leroux,* 1881. in-8, planches en couleur, d.-veau fauve.

390. Specimens of the popular poetry of Persia, as found in the adventures and improvisations of Kuroglou, the bandit-minstrel of Northern Persia, etc., orally collected and translated by A. Chodzko. *London,* 1842, gr. in-8, d.-veau.

391. Le Misanthrope de Molière, traduit en vers persans, par Mirza Habib. *Constantinople,* 1286, pet. in-4, dem.-maroq. rouge.

392. Wassaf's Geschichte persisch herausgegeben und deutsch übersetzt von Hammer Purgstall. Tome 1er (seul publié). *Wien,* 1856, in-8, d.-r.

LANGUE TURQUE

Grammaires et Dictionnaires.

393. *Kitâb-Tchdjet-ul-loghat.* Livre du son des mots. Diction-

naire de la langue turque, donnant les équivalents des mots turcs en arabe et en persan, et fixant la prononciation des voyelles, revu par Mehemmed Es'ad effendi. *Constantinople*, 1216 (1801), in-folio, rel. orient. à recouvr.

394. *Galatati Mechhouré*. Dictionnaire explicatif d'un certain nombre de mots classés par ordre alphabétique. *Constantinople*, 1231, gr. in-8, d.-veau.

395. *Qamous*. Grand dictionnaire arabe de Firouz abadi, expliqué en turc par Acim Effendi. *Constantinople*, 1250 (1835), 3 vol. in-folio, demi-maroq. rouge.

396. *Lehdjeh-i-Osmani*. Dictionnaire turc (en turc), par Ahmed Vefik Effendi. *Constantinople*, 1293, 2 tom. en un vol. in-8, d.-maroq.

397. *Qara'idi osmaniyé*. Règles de la grammaire ottomane, par LL. EE. Djevdet Effendi et Fuad Pacha. *Lithogr. à Constantinople*, 1851, in-8, demi-veau fauve.

398. Elémens de la langue turque, par M. Viguier. *Constantinople*, 1790, in-4, br.

399. Grammaire turke, par A. Lumley Davids. *Londres*, 1836, in-4, d.-chag.

400. Grammatik der osmänischen Sprache, von Fuad Effendi und Gavdat Effendi, deutsch bearbeitet von H. Kellgren. *Helsingfors*, 1855, in-8, d.-rel.

401. Dizionario, gramatiche e dialoghi per apprendere le lingue italiana, greca-volgare, e turca, dal P.-M. Bernardino Pianzola. *Padova*, 1789. 3 tomes en 1 vol. in-8, carton.

402. Dictionnaire turc-français par Kieffer et Bianchi. *Imprimerie royale*, 1835-1837, 2 vol., in-8. déreliés.

403. Dictionnaire français-turc, par T. X. Bianchi. Seconde édition. *Paris*, 1843-1846, 2 vol., in-8, demi-chag.

404. An english and turkish dictionary in two parts: english and turkish and turkish and english, by J. W. Redhouse. *London*, 1856-1857, 2 vol., in-12, percal.

405. Dictionnaire turc-arabe-persan, par J.-Th. Zenker. *Leipzig*, 1866, in-4, d.-chag.

406. DICTIONNAIRE TURC FRANÇAIS, supplément aux dictionnaires publiés jusqu'à ce jour par A. C. Barbier de Meynard. *Paris. Leroux*, 1881-1888, tome I, in-8, d.-percal., et livraisons 1, 2 et 3 du second volume in-8, br. (Tout ce qui a paru)

Textes turcs

Ouvrages religieux — Traités de morale. — Proverbes. —
Contes, etc.

407. *Akaïd i Nasaïh.* Exposé de la Foi chrétienne, texte grec
du patriarche Gennadios, traduit en turc par Achmed.
Caddi Verrii. Texte turc et transcription en caractères
grecs. *Tiflis,* 1882, petit in-4, demi-mar. bleu.

> Avec une préface indiquant que Crusius dans sa Turco-Græcia a déjà
> donné ce texte, mais d'une manière très fautive, et que le texte publié
> par Crusius a été réédité, mais avec les mêmes fautes dans la Patrologie
> de Migne.

408. *Mohammedieh,* par Mohammed Tcheleby. En vers turcs.
Kazan, 1261, in-4, perc., tr. dor.

409. *Kitab Mohammeddieh fi Kemalat el Hamedieh.* Poème
turc à la louange de Mahomet. *Lithograph. à Constantino-*
ple, in-4, rel. orient. à recouvr.

410. *Zeïli sïeri nebevi.* Appendice à la vie du Prophète, par
Fazil Nàby. *Boulaq,* 1248 (1833), in-fol., rel. à recouvr.

> Cette chronique commence à l'an 3 de l'hégire et continue jusqu'à la
> mort du Prophète.

411. *Halebi es Saghir.* Traité religieux avec Commentaire,
par Baba Dahir. *Constantinople,* pet. in-4, rel. orient. à
recouv.

412. Commentaire des litanies de Qaderi. *Constantinople,*
1260, in-8, cart.

413. *Cherh-us-seïr il-Kebir* Traduction turque du commentaire sur le Seïr-ul-Kebir, le traité de jurisprudence arabe
de Halebi. *Constantinople,* 1244, 2 tom. en un vol. in-fol.,
rel. or., à recouvr., avec le toughra sur les plats.

414. *Akhlàqi Alay,* Traité de Morale. *Boulak,* 1248 (1833), gr.
in-8, d.-veau.

415. *Akhlàqi Ahmediyé.* Traité de morale, entremêlé de vers
et d'historiettes. *Constantinople,* 1256, in-8, demi-veau.

416. Traduction en turc de l'ouvrage de morale arabe. *Mizan*
ul Adab. Constantinople, 1257, pet. in-4, rel. orient. à recouv.

417. *Terdjumé-i-Rouzet us Sefah.* Traduction turque. *Cons-*
tantinople, 1257, in-4, rel. orient.

418. Commentaire de l'ouvrage d'Ibn Zeïdoun sur la morale. *Constantinople*, 1257, pet. in-4, rel. orient.

419. *Tekmilet ul Yber*, par Soubhi bey. *Constantinople*, 1278, in-fol., br.

420. *Kabous Nameh*. Traduction en turc oriental par Abd el Qayoum de l'ouvrage persan : Livre de Kabous, Onsor el Meali, souverain du Djordjan et du Ghilan. *Kazan*, 1882, in-8, demi-maroq. bleu.

Le texte persan a été traduit en français, par M. Am. Querry *(Paris, Bibliothèque orientale elzévirienne de E. Leroux)*.

421. *Humaïoun-namé*. Le livre impérial. Traduction turque du livre de Kalilah et Dimnah, faite sur la version persane de Hussein Vaez, par Aly Tcheleby, professeur à Angora. En prose et en vers turcs, caractères neskhy et ta'liq. *Boulaq*, 1251 (1836), in-8, demi-maroq. rouge.

422. *Guendjinëï hykmet vé définëi ybret*. Le Trésor de la Sagesse. Abrégé du Humaïoun Namé, ouvrage de morale en prose et en vers, en turc. *Constantinople*, 1256 (1840), in-8, cart.

423. *El-ouioun el-iawakiz fil emçal ouel mewaiz*. Livre de proverbes et de conseils, par Mohammed Osman Djelal. *Lithog*. au Caire, 1274, in-8, d.-r.

424. Proverbes turcs, recueillis par Ahmed Vefik Pacha. *Constantinople*, 1278, in-12, d.-r.

425. Proverbes turcs, recueillis par Chinassi effendi. *Constantinople*, 1280, in-18, cart.

426. *Zouroubi emsâli osmaniyé*. Proverbes ottomans, ou Recueil des proverbes turcs, avec les équivalents en arabe, en persan et en français, par Chinassi Effendi. *Constantinople*, 1280 (1863), in-18, demi-mar. rouge.

On a relié ensemble quatre recueils de poésies de Chinassi.

427. Proverbes ottomans, texte, transcription et traduction, publiés par l'Académie de Vienne. *Vienne*, 1865, in-8, d.-maroq.

428. *Terdjumeï elf Leïlé u Leïlé*. Traduction turque des Mille et une Nuits, par Ahmed-Nazif Efendi. *Constantinople*, 1851 et suiv. 6 vol. gr. in-8, demi-mar. rouge.

429. *Terdjumeï elf Leïlé u Leïlé*. Traduction turque des Mille et une Nuits. 3e volume. *Constantinople*, in-4, d.-r.

430. *Lethâïfi Nasr-eddin Khodja* : Contes facétieux de Nasr

eddin Khodja ; le célèbre bouffon turc (xiv° siècle). *Constantinople*, 1253 (1837), in-8, d.-rel.

431. *Lethaïfi Nasr eddin Khodja*. Plaisanteries de Nasr eddin Khodja. Avec commentaire. *Lithog. à Constantinople*, pet. in-4, cart.

432. *Medjmou-i-Lethaif*. Recueil de traits plaisants ; en turc. *Constantinople*, 1271, in-12, d.-rel. Lithographié.

433. *Lethaif nameh*, recueil de contes en prose. Autographie en ta'liq, *Constantinople*, 1268, in-8, d.-r.

434. *Incha-i-Djedid*. Manuel épistolaire. *Lithog. à Constantinople*, 1269, in-8, d.-rel.

435. Die Fahrten des Sajjid Batthal. Ein alttürkischer Volks- und Sittenroman, uebersetzt von Dr. H. Ethé. *Leipzig*, 1871, 2 tom. en un vol. in-12, d.-veau.

436. Roman d'Achiq Garib. *Lith. à Constantinople*, 1271, in-8, illustré, d.-rel.

437. *Hikaïéti Ali Sina*. Rédaction abrégée du roman d'Abou Ali Sina. *Lithog. à Constantinople*, 1264, in-8, d.-r.

438. *Zulfissiah Quessasi*. Roman de Zoulfi Siah et de Derdi Yok. *Lithog. à Constantinople*, 1266, in-8, d.-r.

439. *Hikayeti Kerem*. Les Aventures de Kerem. *Constantinople*, 1269, in-8, d.-rel.

440. Récit abrégé des aventures de Léila et Medjnoun. *Constantinople*, 1254, in-8, d.-veau.

441. *Terdjeméï télémaq*. Les aventures de Télémaque, traduction turque, par le grand vizir Kiamil Pacha. *Constantinople*, 1279, in-12, cart.

442. *Tasviri efkiar*. La peinture des pensées, ou tableau de l'opinion. Journal politique, scientifique et littéraire, bi-hebdomadaire, publié sous la direction de Chinassi Effendi. *Constantinople*, années 1278, 1279, 1280, 3 vol. in-folio, demi-maroq. rouge.

443. *Medjmouaï funoun*. Recueil scientifique, ou société otto-mane des sciences et belles-lettres. *Constantinople*, 1279 (1861) in-8, d.-rel.

Mémoires de Khalil Bey, Djémil Pacha, Qadri Bey, Munif effendi, Edhem Pacha, Kiamil bey, etc.

444. Geschichte der osmanischen Dichtkunst, von Hammer Purgstall. *Pesth,* 1836-1838, 4 vol. in-8, d.-veau.

445. *Tezkerei Schouara.* Biographies des poètes. *Lithog. à Constantinople,* 1271, in-8, d.-r.

446. *Medjmouaï Charquïch* Recueil de chansons et de citations poétiques. *Lithog. à Constantinople,* 1269, in-8, d.-r.

447. *Sefinet ach Chouara.* Anthologie par Fehim effendi. *Constantinople,* 1259, in-8, cart.

448. Recueil de lettres et de poésies, par Akif Pacha. *Constantinople,* 1259, 2 part. en 1 vol. in-8, rel. or. à recouv.

449. *Divani Ath'imeh.* Description poétique des différents mets. *Constantinople,* 1302, in-8, br.

450. Commentaire du Pend Nameh d'Attar. *Boulaq,* 1260, in-8, rel. orient.

451. *Divani Baqi.* Le divan ou recueil des œuvres de Baqi, le plus grand poète lyrique des Ottomans (mort en 1600). Lithogr. en caractères ta'liq. *Constantinople,* 1276, in-8, d.-veau.

452. *Divani Beligh.* Œuvres poétiques de Beligh Effendi. *Constantinople,* 1258, in-8, d.-rel.

453. Chinassi. Extraits de poésies et de prose traduits en vers du français en turc. *Constantinople,* 1859, in-48, cart.

454. *Divani Dilsouz.* Recueil des poésies de Dilsouz. Avec commentaire marginal. *Lithog. à Constantinople,* 1296, pet. in-4, cart.

455. *Divans de Fitnet* et de Halim Gueraï. *Constantinople,* 1257, in-8, demi-maroq.

456. *Divani Hichmet,* en caractères ta'liq. *Boulaq,* 1257, in-8, cart.

457. *Cherhi Hafiz.* Commentaire turc sur le divan de Hafiz par Soudi. *Boulaq,* 1250 (1835), 3 vol. pet. in-folio, cart.

458. *Divani Izzet.* Le premier Diwan ou recueil de poésies de Izzet effendi, plus connu sous le nom de Yzzet Molla. *Boulaq,* 1225 (1840), pet. in-folio, en caractères ta'liq, rel. orient. à recouvr.

459. *Izzet Mihnet-kechan.* L'affliction de Kechan, poème d'Iz-

zet Effendi. *Lithog. à Constantinople,* 1260 (1852), in-8, d.-
rel., portrait de l'auteur.

Yzzet Molla ayant publié des vers injurieux contre Sultan Mahmoud
avait été mis en disgrâce et exilé à Kechan. Rentré en grâce, il revint à
Constantinople et fut tout dévoué au sultan.

460. *Divani Nabi.* Recueil des poésies de Nabi Effendi. *Boulaq,* 1256. in-4, rel. orient. à recouvr.

461. Conseils de Nabi Efendi à son fils Aboul Khair, publiés
en turc, avec la traduction française et des notes, par A. Pavet de Courteille. *Paris,* 1857, in-8, br.

462. *Divani Nebati.* Recueil des poésies de Nébati, en turc.
Lith. à Tebriz, 1274, in-8, cart.

463. *Divâni Nedim-effendi.* Recueil des poésies de Nedim effendi. *Boulaq,* 1255 (1840), in-8, d.-r.

464. *Divani Nefi.* Recueil des poésies de Nefi. *Lithog. à Constantinople,* 1279, in-8, cart.

465. *Le Nihalistan, Eksiri Saadet,* Mithaqi el Ichq, Qanoun er
rechad, Gazouat i Mouslimé. Ouvrages en prose mêlés de
vers. *Boulaq,* 1255, gr. in-8, rel. orient.

466. *Divâni Pertev Effendi.* Recueil des poésies de Pertev effendi, ancien Kiaïa bey ou ministre de l'intérieur du sultan
Mahmoud. *Boulaq,* 1253 (1838), in-8, rel. orient. Impression
en caractères ta'liq.

467. *Divâni Pertev Pacha.* Divan ou recueil des poésies de
Pertev Pacha. *Constantinople,* 1256 (1841), in-8, demi-veau.

468. *Soudi Cherhi Boustan.* Commentaire du Bostan de Sadi,
par Mevlana Soudi elbosnavi. *Constantinople, Imp. impériale,* 1288 (1871), 2 tom. en un vol. gr. in-8. rel. orient. à
recouvr.

469. *Cherhi Gulistan.* Commentaire turc du Gulistan de Saadi
par Soudi Effendi. *Constantinople,* 1249 (1833), in-folio,
reliure orient. à recouv.

470. *Divâni Sâmi.* Le divan ou recueil des poésies de Sâmi.
En turc, imprimé en caractères tâliqs. *Boulaq,* 1252 (1837),
in-8, d.-veau.

471. *Divâni Serveri.* Recueil des poésies de Serveri. *Boulaq,*
vers 1835, in-4, rel. orient. à recouv.

472. *Vaçif Osman Bey Divâni.* Recueil des poésies de Vaçif
Osman Bey. *Constantinople,* 1257, in-8, d.-veau.

473. *Divâni Vehbi*. Divan ou recueil des poésies de Vehbi. En turc, caractères ta'liq. *Boulaq*, 1253 (1838), in-8, d.-maroq.

474. *Divâni Zia uddin*. Recueil des poésies de Zia uddin. *Constantinople*, 1270, in-8, cart.

475. Trois comédies traduites du dialecte turc azèri en persan par Mirza Djâfar et publiées par C. Barbier de Meynard et S. Guyard. *Imprimerie nationale*, 1886, in-18, br.

476. L'Ours et le Voleur, comédie en dialecte turc azèri, publiée sur le texte original et accompagnée d'une traduction par A.-C. Barbier de Meynard. *Paris*, 1889, in-8, br.

477. Pièces de Molière traduites en turc par S.-E. Ahmed Vefiq Pacha. *Constantinople*, 1286-1288, 6 ouvr. en un vol. in-12, demi-maroq. rouge.

> L'avare. — Le mariage forcé. — Le médecin malgré lui. — Georges Dandin, etc. — On a relié ensemble : *Zuroubi emçali osmânië*, Proverbes ottomans, recueil de 5,000 proverbes recueillis par Ahmed Vefik, suivis du Micromégas de Voltaire, traduit par le même.

Histoire et Géographie.

478. *Tohfet ul Kibar*. Le présent du voyageur. *Constantinople*, 1141, gr. in-8, cartes, cart.

> Les cartes qui accompagnent ce volume sont les mêmes que dans le Djihan Numa.

479. *Kitabi Djihàn-Numâ* li Kiatibi-Tcheleby. Livre de la description du monde de Hadji Khalfa, surnommé Kiatibi-Tcheleby. Texte turc. *Constantinople*, 1145 (1732), in-folio, cartes, rel. orient. à recouvr.

480. *Tadj uttevarikh*. La couronne des Chroniques. Histoire de l'Empire ottoman, par Sáad uddin effendi. *Constantinople*, *Imp. impér.*, 1279 (1862), 2 vol. pet. in-folio, demi-reliure.

> Sáad uddin est cité par d'Herbelot comme le plus célèbre et le plus éloquent des historiens turcs. W. Jones déclare son ouvrage admirable par son élégance et sa beauté. Sáad uddin fut le précepteur des sultans Ahmed III, Amurat III et Mahomet III. — Le Tadj uttevarikh embrasse l'histoire de Turquie depuis l'origine des Ottomans jusqu'à sultan Sélim Ier.

481. *Miftah ub iber*. La clef des exemples, traduction turque du second volume des Annales d'Ibn Khaldoun par Soubhi Bey. *Constantinople*, *Imp. impér.*, 1276, in-folio, br.

482. *Gulscheni Khoulefa*. Le parterre des Khalifes. Histoire des

Khalifes de Bagdad, par Nizami Zadeh Effendi, en turc. *Constantinople*, 1143 (1730), in-fol., rel. orientale, bas. rouge à comp. doré, tr. dorées.

483. *Tarikhi Rouzet ul Abrar*. Histoire universelle en turc, par Kara Tchelebi Zadé Abdul Aziz. *Le Caire*, pet. in-folio, rel. orient. à recouvr.

484. *Tarikhi Nichandji Mehemed'Pacha*. La chronologie du Petit Nichandji, Histoire universelle. *Constantinople*, 1279, pet. in-4, br.

485. *Suleïman nâmeh*. Le livre de Sultan Soliman, Histoire des guerres du Sultan Soliman, par Kémâl Pacha Zadeh. En turc. *Boulaq*, 1248 (1832), in-4, rel. orient.

486. *Tarikhi Selaniki*. Histoire Ottomane, depuis l'époque du Sultan Suleïman jusqu'à l'an 1000 de l'hégire, date où commence la chronique de Naïma. Par Moustapha Effendi, de Salonique. *Constantinople, Imprimerie impériale*, 1281. in-8, rel. orient.

487. *Tarikhi Petchevi*. Histoire de Petchevi, en turc, commençant à l'avènement de Sultan Suleïman le Grand et finissant à l'an 1049. *Constantinople, Imprimerie impériale*, 1281-1283, 2 vol. gr. in-8, demi-mar. rouge.

> L'auteur Ibrahim Efendi, plus connu sous le nom de Petchevi, remplissait en 1013, les fonctions de contrôleur général de l'infanterie et de la cavalerie.

488. *Tarikhi Seïah*. Chronique du voyageur. Traduction turque de l'histoire de la conquête de la Perse par les Afghans, écrite originairement en latin par le P. Kruzinski, jésuite polonais, témoin oculaire de cette révolution. *Constantinople*, 1142 (1729), in-4, veau, rac. dent.

> Cette traduction turque, faite par l'auteur lui-même pour Ibrahim Pacha, grand vizir d'Ahmed III est la troisième production de l'imprimerie de Constantinople. — Exemplaire d'Anquetil Duperron et de Langlès.

489. *Tarikhi Gulcheni méarif*. Le parterre de roses des connaissances. Histoire de l'Empire ottoman, par Feraïzi Zadé es-Seïd Mehemmed Saïd. *Constantinople*, 1252, 2 vol. in-4, rel. orient. à recouv.

> L'ouvrage est précédé d'un précis historique des anges, des patriarches, des prophètes, d'une vie de Mahomet, et d'un court exposé des différentes dynasties mahométanes.

490. *Vassif Effendi*. Annales de l'Empire Ottoman, en turc, comprenant les années 1166 à 1188 (1752 à 1775). *Boulaq*, 1246 (1831). 2 tom. en un vol. pet. in-fol., demi-maroq.

491. *Tarikhi Djevdet Efendi*. Histoire ottomane. (en turc), par Djevdet Efendi, historiographe de l'Empire. *Constantinople, Imprimerie impériale*, 1270-1302, Tomes I à VI, pet. in-4, d.-veau, non rogné, VII. VIII. X d.-rel., XI, XII, brochés. Ens. 11 volumes.

> Cet ouvrage, dit M. Belin, qui se distingue par la forme entièrement neuve de la rédaction et du style, débute par un aperçu général historique en douze chapitres; il traite ensuite de l'histoire ottomane depuis l'an 1188. C'est la continuation immédiate de l'histoire de Khaïr Ullah Efendi et de celle de M. Hammer.

492. *Hadikat ul vuzera*. Biographies des grands Vizirs. *Constantinople*, 1271, in-8, cart.

493. Petite chronologie des sultans et grands vizirs. *Lithog. à Constantinople*, in-8, cart.

494. *Mechâïr-un-Niça*. Les femmes célèbres de l'islamisme. *Constantinople*, 1295-96, 2 tom. en un vol. gr. in-8, d.-chag.

495. *Timour Basch*. Histoire de Pierre le grand, de Russie, traduite en turc. *Lithog. à Constantinople*, 1270, in-8, d.-r.

496. *Tarikhi Bonâpârta*. Traduction des Mémoires du duc de Rovigo. En turc. *Alexandrie*, 1249 (1834), gr. in-8, d.-veau fauve.

497. *Siahat name-i-Londra*. Relation d'un voyage en Angleterre pendant l'exposition de 1851. *Constantinople*, 1269, (1852), in-8, d.-r.

498. Récit d'un voyage en Europe, par Mustapha Sami Effendi. *Constantinople*, 1256, in-8, cart.

499. *Ta'lim nâmëi piadëguidn*. École du fantassin. *Boulaq*, 1239, in-8, planches. d.-r.

500. Traité des manœuvres de la cavalerie, traduit du français en turc, par l'École égyptienne. *Lithog. à Paris*, 1831, in-8, planches, bas.

501. Recueil d'actes diplomatiques et de lettres de tout genre, en arabe, en persan et en turk, depuis Mahomet jusqu'à la fin du xvi° siècle. Par Feridoun Bey. *Constantinople*, 1264-1265 (1848-1849), 2 vol. gr. in-8, demi-veau fauve.

502. Firmans en turc sur parchemin. Lot de 6 pièces in-folio.

LANGUES TARTARES

Généralités. — Grammaires. — Dictionnaires.

503. Recherches sur les langues tartares ou mémoires sur
différents points de la grammaire et de la littérature des
Mandchous, des Mongols, des Ouigours et des Tibétains, par
Abel Rémusat. Tome Iᵉʳ seul publié. *Imprimerie royale*,
1820, in-4 d.-r.

504. Mélanges relatifs aux langues tartares. En un volume
in-8, d.-veau.

> Dorn. Verzeichniss der in Kasan orientalischen gedruckten Werken
> von 1801 bis 1866. — Boller. Die Wurzelsuffixe in den Ural altaischen
> Sprachen. — Rœhrig. Particularités des langues tartares et finnoises. —
> Kellgren. Die Grundzüge der finnischen Sprache. — Jaubert. Notice sur
> le Bakhtiar Namch, etc.

505. Castrén (Alex.). Ethnologische Vorlesungen ueber die
Altaischen Vœlker, hrsgb. von A. Schiefner. *Saint-Petersburg*, 1857. — Heldensagen der Minussinschen Tataren
rhythmisch bearbeitet von A. Schiefner. 1859. En un vol.
in-8, d.-veau.

506. De Ujfalvy. Mélanges altaïques. *Paris*, 1874. — Aperçu
général sur les migrations des peuples. 1874. — Le Kale-
vàla, liv. I. 1876. Ens. 3 vol. in-8, br.

507. Die primitive Cultur des turko-tatarischen Volkes, von
H. Vambéry. *Leipzig*, 1879, in-8, d. mar. vert.

508. Vocabulaire d'expressions tatares et arabes, avec la prononciation, composé dans l'école principale de Tobolsk par
le Boukhare Niat Bako Atnometeff. *Saint-Pétersbourg*,
1802, in-4, d.-veau.

> En russe. — On a ajouté une traduction manuscrite en français, sur
> le texte.

509. Mongolisch-deutsch-russisches Wœrterbuch, von L. J.
Schmidt. *Saint-Petersburg*, 1835, in-4, d.-mar. rouge.

510. Dictionnaire turc-tatare-russe avec addition d'un abrégé
de grammaire. *Moscou*, 1864, in-12, perc.

511. Dictionnaire djaghataï-turc, publié par V. de Véliaminof-Zernof. *Saint-Pétersbourg*, 1869, in-8, d.-v.

512. *Loghat Djagataï vé turki osmani*. Dictionnaire Djagataï
et turc ottoman. *Constantinople*, in-8, cart.

513. Boudagoff (L.). Dictionnaire (en russe) des dialectes turcs-

tartares. *Saint-Pétersbourg,* 1869-1871, 2 tom. en un vol. gr. in-8, demi-veau.

514. A sketch of the turki language as spoken in Eastern Turkistan (Kashgar and Yarkand). Part. I. By Rob. Barkley Shaw. *Lahore,* 1875, in-8, perc.

515. Etymologisches Wœrterbuch der Turko-tatarischen Sprachen, von H. Vambéry. *Leipzig,* 1878, in-8, d.-veau.

516. Dictionnaire tatare-russe par K. Nasiroff. Édition de Fathoullah Amachoff. *Kazan,* 1878, gr. in-8, demi-maroq. bleu.

517. Dictionnaire des dialectes altaïque et aladagskien de la langue turque par le protohiéré V. Verbitski. Édition de la Société des missions orthodoxes. *Kazan,* 1884, in-8, br.

518. Radloff. Versuch eines Wœrterbuches der Türk-Dialecte. Livraisons 1 et 2. *Saint-Pétersbourg,* 1888-1889, 2 fasc, in-4, br.

519. Dictionnaire turk-oriental, destiné principalement à faciliter la lecture des ouvrages de Bâber, d'Aboul-Gâzi et de Mir Ali Chir Nevaï, par M. Pavet de Courteille. *Paris,* *Imp. imp.,* 1870, in-8, br.

520. — Le même, in-8, demi-chag.

521. Dictionnaire russe-sarthe et sarthe-russe des mots les plus usuels avec addition d'un abrégé de grammaire, par V. et M. Nalifkine. *Kazan,* 1884, gr. in-8, demi-maroq. bleu.

522. Radloff W. Dialect der Tarantschi. *Saint-Pétersbourg,* 1886, in-8, demi-perc.

523. Ueber die Sprache der Jakuten, Grammatik, Text und Wœrterbuch, von Otto Bœhtlingk. *Saint-Pétersbourg,* 1851, in-4, veau rac.

524. A. Castrèn. Grundzüge einer Tungusischen Sprachlehre, nebst Wœrterverzeichniss. *Saint-Pétersbourg,* 1856, in-8, d.-rel.

525. Castrén's Versuch einer Burjâtischer Sprachlehre. *Saint-Pétersburg,* 1857, in-8, d.-veau.

526. Ch. E. de Ujfalvy. Essai de grammaire vêpse ou tchoude du Nord. *Paris,* 1875. — Grammaire finnoise, 1876. — Principes de phonétique dans la langue finnoise. 1876. Ens. 3 vol. in-8, br.

Textes en turc oriental et traductions.

527. Proben der Volkslitteratur der Türkischen Stæmme Süd-Sibiriens, gesammelt und übersetzt, von Dᶜ W. Radloff. *Saint-Pétersbourg*, 1866-1886, 12 tomes en 13 volumes dont 7 de textes et 6 de traductions, in-8, demi-veau fauve.

528. Uigurische Sprachmonumente und das Kudatku Bilik, uigurischer Text, mit Transcription und Uebersetzung, von H. Vambéry. *Innsbruck*, 1870, in-4, demi-toile.

529. Cagataische Sprachstudien, enthaltend grammatikalischen Umriss, Chrestomathie und Wœrterbuch der cagataischen Sprache von H. Vambéry. *Leipzig*, 1867, in-4, d.-rel.

530. Chrestomathie Kirghise, recueil de modèles de la littérature nationale des Kirghises du Turkestan par Lutsch.professeur à l'Ecole normale du Turkestan. *Tachkend*, 1883, pet. in-4, demi-mar. bleu.

531. Memoirs of Zehir-ed-din Muhammed Baber, emperor of Hindustan, written by himself in the jaghatai turki and translated by J. Leyden and W. Erskine. *London*, 1826, in-4, d.-maroq. rouge, carte.

532. Matériaux pour servir à l'histoire du Khanat de Crimée, extraits des archives du Ministère des affaires étrángères à Moscou, et publiés par V. Véliaminof-Zernof. *Saint-Pétersbourg*, 1864, in-4, d.-rel.

    Documents en langue tartare,

533. Die Mærchen des Siddhi-Kûr. Kalmükischer Text mit deutscher Uebersetzung und Wœrterbuch, herausg, von B. Jülg. *Leipzig*, 1866, in-4, d.-v.

534. Dichtungen transkaukasischer Saenger des XVIII, und XIX. Jahrhunderts, gesammelt von A. Bergé. *Leipzig*, 1868, in-12, d.-mar. bleu, tête dor.

535. Codex Cumanicus Bibliothecae ad templum divi Marci Venetiarum, primum ex integro edidit, notis et glossariis instruxit comes Géza Kuun. *Budapestini*, 1880, gr. in-8, d.-rel.

    Codex latino-persico-cumanicus. — Ens. Additamentorum ad codicem cumanicum novam seriem scripsit Geza Kuun, 1883, in-8, br. — Das türkische Sprachmaterial des Codex Cumanicus von W. Radloff. *Saint-Pétersbourg*, 1887, in-4, br.

536. Die Scheïbaniade, ein œzbegisches Heldengedicht in 76 Gesaengen von Prinz Mohammed Salih aus Charezm. Text, Uebersetzung und Noten von H. Vambéry. *Wien*, 1885, gr. in-8, d.-maroq.

537. *Mahboub ul qouloub* de l'Émir Ali Chir Nevaï, publié par Ahmed Vefik Pacha et Belin. *Constantinople*, 1279, in-12, cart.

538. *Mahboub ul qouloub*. L'ami des cœurs, de Mir Ali Chir Nevàii, texte turc oriental publié d'après les meilleurs manuscrits, par Ahmed Vefik effendi, en collaboration avec M. Belin. *Constantinople*, 1289, in-12, demi-maroq. bleu.

Textes imprimés à Kazan.

539. Abulghasi Bahadur Chani historia Mongolorum et Tatarorum, nunc primum tatarice edita, auctoritate Nic. de Romanzoff. *Casani*, 1825, in-folio, d.-veau.

540. *Kissai Seif ul Melik*. Roman en vers de Seif el Moulk. *Kazan*, 1840, pet. in-4, à 2 col., demi-maroq. bleu.

541. *Feyz-un-nedjat Kitabi*. Poème religieux. *Kazan*, 1840, pet. in-4, demi-mar. bleu.

542. *Kissa-i-Yussuf*. Histoire de Joseph, en vers. *Kazan*, 1841, pet. in-4, d.-mar. bleu.

543. *Baber-Nameh* ou les écrits du Sultan Baber publiés in-extenso. *Kazan*, 1857, gr. in-8, demi-mar. bleu.

544. *Makhzen ul esrar*. Le trésor des secrets, publié par Gottwaldt. *Kazan*, 1858, et autres pièces tartares. En un volume pet. in-4, demi-maroq. bleu.

545. *Hikem i Khodja Ahmed Yecevi*. Recueil de sentences pieuses. *Kazan*, 1295 (1878), in-12, d.-mar. bleu.

546. *Ir-targoun*. *Kazan*, 1878, in-8, d.-maroq. bleu.

547. *Bakirgan Sëïd Battal*. *Kazan*, 1878, in-8, demi-maroq. bleu.

548. *Kitab Medjma-i-ul-'Edeb*. Ouvrage en vers sur la morale. — En *Kissa Geuzi Geurpich*. Historiette, en vers. *Kazan*, 1878, in-8, demi-maroq. bleu.

549. *Kiças ul enbia Rubgouzi*. Vie des prophètes, en turc orien-

lal, par Nassir eddin Rubougouzi. *Kazan*, 1878, gr. in-8, demi-maroq. bleu.

550. *Kissa i Bouz Iguit*. Histoire du jeune amoureux. *Kazan*, 1878, in-12, demi-maroq. bleu.

551. *Chourideh hal*, poème en turc oriental. *Kazan*, 1878, in-8, demi-maroq. bleu.

552. *Riçaleh-i Muhimmet*. Traité de morale, en turc oriental. *Kazan*, 1879, in-8, d.-mar. bleu.

553. *Adjaïb ul Makhlouqat*. Traduction abrégée de l'ouvrage arabe sous même titre (Les merveilles des choses créées). *Kazan*, 1879, in-8, demi-maroq. bleu.

554. *Pendi Ahmediyeh*. Poème sur Mahomet. *Kazan*, 1879, gr. in-8, demi-mar. bleu.

555. *Kissah i Nebimuz*. *Kazan*, 1879, in-8, demi-maroq. bleu.

556. *Terarikh i Mekkeh*, chronique de la Mekke. — *Serad i A'zam, Kissah-i-Kahreman*, ouvrages de théologie en vers. — trois ouvrages en turc oriental. *Kazan*, 1879, in-8, demi-maroq. bleu.

557. *Mekkiardjeh biti*. Histoire de la fille du sultan de Kachmir, conte. — Au Caucase, et autres pièces. *Kazan*, 1879, in-12, demi-mar. bleu.

558. *Kissah-i Khaïbar*. *Kazan*, 1879, et autres pièces en tartare. En un vol. pet. in-8, demi-maroq. bleu.

559. *Souret ul Kehf*. *Kazan*, 1880, pet. in-4, demi-maroq. bleu.

560. *Kissah i Khodja Affan ouhem Sa'di Waqqas*. Aventures de Hodja Affan et de Sadi, fils de Waqqas. *Kazan*, 1880, in-8, demi-maroq. bleu.

561. *Hikem i Khodja Ahmed Yececi*. Recueil de sentences morales, en vers. *Kazan*, 1298 (1880), pet. in-4, demi-maroq. bleu.

562. — Le même, tirage en format in-12, demi-maroq. bleu.

563. *Kitab Muhimmet el Muslimin*. Ce qu'il est indispensable aux Musulmans de savoir. *Kazan*, 1880, in-8, demi-maroq. bleu.

564. *Gazat der Mulki Tchin*. Guerre des Musulmans contre les Chinois, texte dans le dialecte tarantchinien édité par N. N. Pantousa. 1er fascicule. *Kazan*, 1880, pet. in-4, d.-toile.

565. *Kitab Ghazat der Mulk i-Tchin*. Histoire de l'empereur de la Chine (traduit du roman turc osmanli de même titre). *Kazan*, 1880, in-8, d.-mar. bleu.

566. *Imam Gazâli*. Préceptes religieux traduits en turc oriental. *Kazan*, 1880, in-8, demi-maroq. bleu.

567. *Kirk Bagtcheh*. Les quarante jardins, recueil d'anecdotes morales. *Lithogr. à Kazan*, 1298, pet. in-4, demi-maroq. bleu.

568. *Kiças ul enbia*. Histoire des prophètes, en turc oriental. *Kazan*, 1299 (1881), gr. in-8, cart. (Lithog.).

569. Traduction en turc oriental du roman ottoman d'Abou Ali Sina (Avicenne). *Kazan*, 1881, in-8, demi-mar. bleu.

570. *Chah i Meran*. Histoire de Chah Meran, roman. *Kazan*, 1881, in-8, demi-maroq. bleu. — A la suite autre historiette en 24 pages. *Kazan*, 1880.

571. *Kitab Ahmedïeh Akh Mohammedïeh*. *Kazan*, 1882, gr. in-8, demi-mar. bleu.

572. *Kitab imad ul islam*. La colonne de l'islamisme. Traduit du persan en turc oriental. *Kazan*, 1882, gr. in-8, demi-maroq. bleu.

573. *Adjaïb el-Medni*. Recueil d'anecdotes, par Suheyli Effendi. *Saint-Pétersbourg*, 1882, pet. in-4, demi-maroq. bleu.

574. *Kirk Vezir*. Les quarante vizirs, contes traduits du turc. *Kazan*, 1883, in-8, d.-mar. bleu.

575. *Fevakih ul Djuleçah*. Ouvrage de morale. *Kazan*, 1884, gr. in-8, demi-mar. bleu.

576. *Oumm-i-Kemâl*. Poème. *Kazan*, 1884, in-8, demi-maroq. bleu.

577. *Kitab tibiân ul metalib*. Ouvrage de morale et de civilité, en turc oriental. *Kazan*, 1884, in-8, demi-maroq. bleu.

578. *Tarikh i Chehrokhi* Histoire de la province de Ferganah, par Mollah Niaz Mohammed, publiée par les soins de M. Nic. Pantousoff. *Kazan*, 1885, in-8, demi-mar. bleu.

579. Sentences et préceptes de Ahmed Yessevi. 2ᵉ édition. *Kazan*, (1887), 1305, in-8, cart., tr. dor.

Tartare-Mandchou. — Mongol. — Chinois. — Annamite.

580. Dictionnaire tartare mantchou-françois, composé d'après un dictionnaire mantchou-chinois par M. Amyot, publié par L. Langlès. *Paris*, 1789-1790, 3 tom. en 2 vol. in-4, d.-r.

581. Schmidt. Grammatik der mongolischen Sprache. *Saint-Pétersbourg*, 1831, in-4, d.-v.

582. Éléments de la grammaire mandchoue par H. Conon de la Gabelentz. *Altenbourg*, 1832, in-8, d.-r.
Ens. Mandschu-deutsches Wœrterbuch von H. C. von der Gabelentz.

583. Les langues de la Chine avant les Chinois par Terrien de Lacouperie. *Paris, Leroux*, 1888, in-8, perc.

584. Dictionnaire français-latin-chinois de la langue mandarine parlée et appendice de ce dictionnaire par Paul Perny. *Paris*, 1869-1872, 2 tomes en 1 vol. in-4, demi-chagrin.

585. Grammaire de la langue chinoise orale et écrite, par Paul Perny. *Paris*, 1873-1876, 2 tom. en un vol. in-8, d.-veau.

586. Cours graduel et complet de chinois parlé et écrit, par le comte Kleczkowski. Volume I (seul paru). Phrases de la langue parlée d'après Gonçalvez. *Paris*, 1876. gr. in-8, d.-veau.

587. Kung yü So T'an. Leçons progressives pour l'étude du chinois parlé et écrit, par A. Mouillesaux de Bernières. *Péking*, 1886, in-4, br.

588. Syntaxe nouvelle de la langue chinoise, fondée sur la position des mots, par Stanislas Julien. *Paris*, 1869-1870, 2 tom. en un vol. in-8, d.-veau.

589. Manuel de la langue chinoise écrite, par Abel Des Michels. *Paris, Leroux*, 1888, in-8, br.

590. Poésies de l'époque des Thang, traduites du chinois, avec une étude sur l'art poétique en Chine, par le marquis d'Hervey de Saint-Denys. *Paris*, 1862, in-8, br.

591. Le Li-Sao, poème du IIIe siècle avant notre ère, publié et traduit du chinois, par le marquis d'Hervey de Saint-Denys. *Paris*, 1870, in-8, br.

592. Textes chinois anciens et modernes, publiés et traduits par L. de Rosny. *Paris*, 1874, in-8, br.

593. Ethnographie des peuples étrangers à la Chine, ouvrage composé au XIII° siècle de notre ère, par Ma-touan-lin, traduit avec commentaire, par le marquis d'Hervey de Saint-Denys. — Orientaux. — Méridionaux. *Genève*, 1876-1883, 2 vol. in-4, demi-maroq. rouge du Levant.

594. Recueil de documents sur l'Asie centrale, par C. Imbault-Huart. *Paris, Leroux*, 1881, in-8, avec 2 cartes. — Histoire des relations de la Chine avec l'Annam Viêtnam du XVI° au XIX° siècle, d'après des documents chinois traduits par G. Devéria. *Paris, Leroux*, 1880, in-8, avec une carte. — Les deux ouvrages en 1 vol. d.-veau fauve.

595. Des Michels (A.). Les annales impériales de l'Annam, traduites du texte chinois. I°° fasc. — Quelques observations au sujet du sens des mots Giao-Chi, nom des ancêtres du peuple annamite. *Paris, Leroux*, 1889, 1 vol. et 1 brochure in-8.

596. Tam Tu Kinh ou le livre des phrases de trois caractères avec le grand commentaire de Vu'Ong tàn thàng, texte, transcription annamite et chinoise et traduction par A. Des Michels. *Paris, Leroux*, 1882, in-8, br.

597. Les poèmes de l'Annam. Luc Vàn Tien ca Diên, texte en caractères figuratifs transcription en caractères latins et traduction par A. Des Michels. *Paris, Leroux*, 1883, in-8, br.

598. Les poèmes de l'Annam. Kim Vàn Kiêu tàn Truyên, publié et traduit par A. Des Michels, transcription, traduction et notes et texte en caractères figuratifs. *Paris, Leroux*, 1884-1885, 3 vol. in-8, br.

599. Contes plaisants annamites publiés et traduits, par Abel Des Michels. *Paris, Leroux*, 1888, in-8, br.

600. Kami Yo-No Maki. Histoire des Dynasties divines, publiée et traduite par L. de Rosny. I. La Genèse. II. Le Règne du Soleil. III. L'Exil. *Paris, Leroux*, 1884-1887. 2 vol. in-8, br.

MANUSCRITS

ARABES. — PERSANS. — TURCS

601. Le Coran. Manuscrit en écriture fine, texte encadré. In-18, rel. orient. à recouv., tranches peintes.

602. Le poème arabe Borda, ou poème Banet Soad, de Caab ben Zohayr, expliqué en turc. Manuscrit d'une jolie écriture. In-4, cartonn. orient.

603. Réfutation des doctrines des Nosaïris. Manuscrit arabe. In-4. rel. orient.

604. Traité de grammaire arabe. In-8, rel. or. à recouv.

605. Poésies de Hafiz en persan. In-18, reliure orient.

606. Abrégé du dictionnaire turc de Senguilakh expliqué en persan par Mirza Mohammed Khouy. In-8, mar. rouge.

607. Traduction turque d'une partie de l'ouvrage d'Ibn Khallikan, par Mehemmed Effendi Rodoci Zadeh. In-folio, rel. orient. à recouv.

608. Histoire de Turquie par Chany Zadeh, en turc. Manuscrit de l'année 1266 (1850) 2 vol. in-4, rel. orient. à recouv.

 Manuscrit soigné, texte encadré, têtes de chapitres or et couleurs.

609. *Tarikhi vuqou'i Djezireï Saqiz.* Histoire des événements de Chio en 1237 (1822), par Séïd Abdi Effendi. In-18, rel. à recouv.

610. *Khameï Atha.* Les cinq présents, poésies de Bahir effendi. In-4, rel. orient. à recouv.

 Manuscrit d'une jolie écriture et d'une bonne conservation.

611. Les quarante vizirs, contes turcs. In-12, demi-maroq. rouge.

612. *Youssouf et Zuleikha.* Poème de Hamdy. Manuscrit turc. In-18, cart.

613. *Chah u Guéda.* Le roi et le mendiant. Roman turc en vers. In-18, d.-maroq.

614. Neuf manuscrits turcs et arabes. Grammaire, Jurisprudence, etc.

MANUSCRITS EN TURC ORIENTAL

615. *Abouchqa d'Ali Chir.* Dictionnaire turc oriental, expliqué en turc ottoman, contenant comme exemples des vers empruntés à différents poèmes. In-8, rel. orientale.

616. *Garaib es Sighyr.* Les merveilles de l'enfance. Poëme de Nevaï. Beau manuscrit en turc oriental, écriture ta'liq. Daté de 885. In-4, rel. orient. ornée sur les plats. Texte encadré de filets or et bleu, titre en couleurs (mouillures).

617. *Garaib es Sighyr.* Manuscrit incomplet des derniers feuillets. In-8, demi-mar. bleu.

618. Recueil des poésies de Nevaï, en turc oriental. Manuscrit à 2 colonnes, incomplet des premiers feuillets. Gr. in-8, reliure molle.

619. *Mahboub ul qouloub,* L'ami des cœurs de Mir Ali Chir Nevaï. Manuscrit en turc oriental écrit à Samarkand en 961, dans un couvent de derviches. In-8, reliure molle.

> Manuscrit soigné en caractère ta'liq, texte encadré de filets or et bleu, ornements et dorures aux deux premières pages.

620. *Dirani Ahmed Turkistani.* Poésies en turc oriental. In-12, demi-maroq. rouge.

621. Recueil de vers de divers auteurs en turc et en tartare. In-8, rel. molle.

MÉLANGES DE LITTÉRATURE ET D'HISTOIRE ORIENTALES. — JOURNAL ASIATIQUE, etc.

622. Bibliothèque orientale elzévirienne. 12 volumes in-18, dont 7 reliés en 5 vol. dem. mar. et 5 brochés.

> Les religieuses bouddhistes. — Histoire du Bouddha Çakya Mouni. — La Palestine inconnue. — Her Persicum. — Vikramorvaçi. — Malavika et Agnimitra. — Contes et légendes de l'Inde ancienne. — Deux comédies turques. — Les fraudes archéologiques en Palestine. — La civilisation musulmane. — La science des religions et l'islamisme. — Artâ Virâf-Nâmak, ou Livre d'Arda Viraf.

623. Mélanges de littérature orientale traduits de différents

manuscrits turcs, arabes et persans de la bibliothèque du Roi, par M. Cardonne. *Paris*, 1770, 2 vol. in-18, carton.

624. Les mille et un jours, contes orientaux, traduits du turc, du persan et de l'arabe, par Pétis de la Croix, Galland, Cardonne, et Cazotte avec une notice par Collin de Plancy. *Paris*, 1826, 5 vol. in-8, avec dix gravures en double état de Devéria, demi-maroq. Lavallière.

625. Defrémery. Mélanges. En un volume in-8, d. veau fauve.

Histoire des Samanides, par Mirkhond, texte persan. — Mélanges d'histoire orientale, 2e partie. — Notice sur le Madjma Albahreïn. — Recherches sur trois princes de Nichabour. — Inscription funéraire arabe publiée par de Sacy. — Observ. sur la chronique d'Abou'lféda.

626. Mélanges et Nouveaux mélanges orientaux, mémoires, textes et traductions publiés par les professeurs de l'Ecole des Langues orientales vivantes, à l'occasion des Congrès des Orientalistes de Leyde et de Vienne. *Paris, Leroux,* 1883-1886, 2 vol. in-8, d.-veau fauve.

627. Mélanges posthumes d'histoire et de littérature orientales, par Abel Rémusat. *Imp. roy.* 1843, in-8, d.-veau gris.

628. L. de Rosny. Variétés orientales. *Paris*, 1872, in-18, br. — Ethnographie des Chinois, br. in-8. — Sur les Aïno, br. in-8. Revue orientale et américaine. N°s 2 à 14, in-8 br. Ens. 17 vol. et broch.

629. Silvestre de Sacy. Mémoires d'histoire et de littérature orientale, extraits des Mémoires de l'Institut. *Paris, Imp. roy.*, 1818, in-4, demi-veau fauve.

630. Mémoires d'histoire et de littérature orientale extraits des Mémoires de l'Institut. (Académie des Inscriptions et Belles-Lettres), par M. le baron Silvestre de Sacy. *Imprimerie royale,* 1823, in-4, d.-r.

Droit de propriété en Égypte. — Correspondance inédite de Tamerlan avec Charles VI. — Traité entre les Génois de Péra et un prince des Bulgares, etc.

631. Silvestre de Sacy. Mélanges de littérature orientale, précédés de l'éloge de l'auteur par le duc de Broglie. *Paris, Ducrocq*, in-8, d.-mar., tr. dor.

632. Silvestre de Sacy. Discours, opinions et rapports sur divers sujets de législation, d'instruction publique et de littérature. *Paris*, 1823, in-8, bas.

633. Silvestre de Sacy. Articles, mémoires et comptes-rendus, publiés dans le *Journal des Savants* de 1827 à 1838. En 2 vol, in-4, demi-veau brun.

634. Mémoires, d'histoire et de littérature orientale, extraits des tomes IX et X des Mémoires de l'Institut (Académie des Inscriptions et Belles-Lettres), par M. le baron Silvestre de Sacy. *Imprimerie royale*, 1832, pet. in-4, planches, d.-r.

635. Silvestre de Sacy. Principes de grammaire générale, mis à la portée des enfants. 1re édition. *Paris*, an VII (1799), in-12, br. — Le même, 5e édition, 1824, in-12, br. — Le même, 6e édition, 1832, in-12, veau.

636. Silvestre de Sacy. Mémoires divers. 16 volumes et brochures in-8.

> Discours, opinions et rapports, 1823, in-8. — Le Séfer Takhémoni. — Not. sur Champollion. — Not. sur Chézy. — Traité de Tunis en 1270. — — Lettre sur l'ouvrage : Les Juifs au xixe siècle. — Sur l'inscription de Rosette. — Sur les traductions d'ouvrages orientaux. — Sur le livre de Kabous. — Sur la dynastie des Assassins, etc.

637. Variétés littéraires, par S. de Sacy. *Paris,* 1861, 2 vol. in-18, d.-veau fauve.

638. Spécimen des types divers de l'Imprimerie nationale. Types étrangers. *Paris, Imp. nat.,* 1878, in-4, demi-maroq. rouge.

639. École supérieure des Lettres d'Alger. Bulletin de correspondance africaine. Années 1882, 1884 et 1885, complètes. — 1886, fascicules, 1 et 2. *Alger,* 15 fascicules, in-8, br.

640. Zeitschrift der deutschen Morgenlændischen Gesellschaft. Tomes 26, 27 et 28. *Leipzig,* 1872-1874, 3 vol. in-8, d.-r.

641. JOURNAL ASIATIQUE, 1851 à 1889 (1er semestre), 76 volumes, d.-maroq. rouge et 1 volume en fascicules. Ens. 77 vol.

LANGUES AMÉRICAINES

642. Mission scientifique au Mexique et dans l'Amérique centrale. Introduction, par M. E.-T. Hamy. — Mémoires sur la peinture didactique et l'écriture figurative des anciens Mexicains, par M. Aubin. *Imprimerie nationale,* 1885, in-4, 5 planches en couleur, br.

643. Les documents écrits de l'antiquité américaine, par Léon de Rosny. Accompagné d'une carte géographique aztèque

en chromolithographie et de dix planches en héliogravure. *Paris*, 1882, in-4, cart. (Tiré à 100 exemplaires).

644. Grammaire et dictionnaire français-kichua, par le vicomte Onffroy de Thoron (don Enrique). *Paris*, 1886, in-8, br.

645. De l'origine des Indiens du Nouveau-Monde et de leur civilisation, par Dabry de Thiersant. *Paris, Leroux*, 1883, in-8, fig., br.

GÉOGRAPHIE

GÉNÉRALITÉS. — GÉOGRAPHIE ANCIENNE

646. Œuvres de d'Anville, publiées par M. de Manne. *Paris, Impr. Roy.*, 1834, 2 vol. in-4, veau fauve, fil.

647. D'Anville. Atlas de géographie ancienne et moderne 1760-1761. In-folio, demi-veau.

648. Dr. E.-T. Hamy. Mémoires divers de géographie historique. 11 broch. in-8.

    Decades americanae, 3 livr. — Les origines de la cartographie de l'Europe septentrionale. — L'exposition coloniale et indienne de Londres. — Mappemonde de Diego Ribero. — Mappemonde portugaise anonyme. — Mappemonde d'Angelino Dulcert de Majorque, etc.

649. Allgemeine Ethnographie, von Dr. F. Mueller. *Wien*, 1873, in-8, d.-veau.

650. Itinera mundi, sic dicta nempe cosmographia, auct. Abr. Peritsol. Hebraice et latine edidit Th. Hyde. *Oxonii*, 1691. — Tractatus Alb. Bobovii de Turcarum liturgia, peregrinatione meccana, etc. *Oxonii*, 1690. En un vol. in-4, bas.

651. Dionysii Byzantii de Bospori navigatione quae supersunt. Edid. C. Wescher. *Parisiis*, 1874, in-4, br.

652. Essai sur la topographie du Latium, par Ernest Desjardins. *Paris*, 1854, in-4, planches.

653. D'Avezac. Le Ravennate et son exposé cosmographique, publié par Gravier. *Rouen*, 1888, pet. in-4, br., carte.

654. Géographie de la Gaule d'après la table de Peutinger, par Ernest Desjardins. *Paris*, 1869, in-8, planches, br.

655. Aperçu historique sur les embouchures du Rhône. Travaux anciens et modernes. Fosses Mariennes. — Canal du Bas-Rhône, par Ernest Desjardins. *Paris*, 1867, in-4, br., 21 planches et cartes.

656. Rhône et Danube. — Nouvelles observations sur les Fosses Mariennes et le canal du Bas-Rhône. — Embouchures du Danube, comparées à celles du Rhône, projet de canalisation maritime du Bas-Danube, par E. Desjardins. *Paris*, 1870, in-4, br., 1 carte.

PALESTINE. — TUNISIE. — ÉGYPTE

657. Essai sur l'histoire et la géographie de la Palestine, par J. Derenbourg. — I. Histoire de la Palestine depuis Cyrus jusqu'à Adrien. *Paris, Imp. impér.*, 1867, in-8, br.

658. La Terre-Sainte : La Syrie, le Liban, Rhodes, Smyrne, Constantinople, la Grèce, les îles Ioniennes, Malte, l'Égypte et la Nubie, par H. de Guinaumont. *Paris*, 1867, 3 vol. in-12, br.

659. Description géographique, historique et archéologique de la Palestine, accompagnée de cartes détaillées, par V. Guérin. Judée 3 vol., Samarie, 2 vol., Galilée, 2 vol. *Imp. nationale*, 1868-1880. Ensemble : 7 vol. in-8, d.-maroq. brun.

660. Le bassin de Bagrada et la voie romaine de Carthage à Hippone par Bulla Regia, par Charles Tissot. *Impr. nationale*, 1881, in-4, br., 11 planches.

661. Sainte-Marie (E. de). La Tunisie chrétienne. *Lyon*, 1878, in-8, gravures, plans et cartes.

Itinéraires en Herzégovine. — Bibliographie carthaginoise. — Recherches bibliographiques sur Karthage. — L'Herzégovine. — Les ruines de Carthage. — Les Slaves méridionaux, etc. — Ensemble : 13 vol. et brochures, in-8.

662. Voyage en Égypte, en Nubie, dans les déserts de Beyouda, des Bocharys et sur les côtes de la mer Rouge, par E. Combes. *Paris*, 1846, 2 vol. in-8, br., avec une carte.

663. Le pays des Zendjs ou la côte orientale d'Afrique au moyen âge, d'après les écrivains arabes, par Marcel Devic. *Paris*, 1883, in-8, br.

ASIE CENTRALE, SIBÉRIE, PERSE, INDE, CHINE

664. Fragments de géographes et d'historiens arabes et persans inédits, relatifs aux anciens peuples du Caucase et de la Russie méridionale, traduits et annotés par Defrémery. *Paris, Imp. nat.*, 1849, in-8, d.-mar., tr. rouges.

665. Notices of the mediaeval geography and history of central and western Asia drawn from chinese and mongol writings, by E. Bretschneider. *London*, 1876, in-8, cartes, d.-rel.

666. Pallas. Voyages entrepris dans les gouvernements méridionaux de l'Empire de Russie dans les années 1793 et 1794, traduits de l'allemand, par Delaboulaye et Tonnelier. *Paris*, 1805, 2 vol. et atlas, 2 part. en un vol. in-4, obl. cart. — Voyages en différentes provinces de l'Empire de Russie et dans l'Asie septentrionale, traduits par Gauthier de La Peyronie. *Paris*, 1788-1793, 5 vol. Ens. : 8 vol. in-4, bas. et atlas, in-4, cart.

667. Voyage du Bengale à Pétersbourg, suivi de l'histoire des Rohillahs et de celle des Seykes, par Georges Forster, trad. de l'anglais, par L. Langlès. *Paris*, an X (1802), 3 vol. in-8, veau rac.

668. Voyage en Turcomanie et à Khiva, fait en 1819 et 1820, par M. N. Mouraviev. Publié par Eyriès et Klaproth. *Paris*, 1823, in-8, carte et fig., d.-rel.

669. Voyage d'Orenbourg à Boukhara, fait en 1820, par G. de Meyendorff, et revu par Am. Jaubert. *Paris*, 1826, in-8, planches col. et carte, d.-veau vert.

670. Travels in Kamtchatka and Siberia, with a narrative of a residence in China, by Peter Dobell. *London*, 1830, 2 vol. in-12, fig. col., cart.

671. Description des hordes et des steppes des Kirghiz-Kazaks ou Kirghiz-Kaïssaks, par Alexis de Levchine, traduite du russe par Ferry de Pigny. Avec un atlas de 10 planches et une carte. *Paris, Imp. Roy.*, 1840, en un vol. in-8, veau rac.

672. Wood (J.). A personal narrative of a journey to the source of the river Oxus, by the route of the Indus, Kabul and Badakshan. *London*, 1841, in-8, carte, perc.

673. Oriental and western Siberia, a narrative of seven years' explorations and adventures in Siberia, Mongolia, the Kirghis steppes, Chinese Tartary, and part of Central Asia, by Thomas Willam Atkinson. *London*, 1858, in-8, avec une carte et des planches en couleur, demi-toile.

674. Arminius Vambéry. Voyages d'un faux derviche dans l'Asie Centrale de Téhéran à Khiva, Bokhara et Samarcand par le grand désert turkoman, trad. de l'anglais par Forgues. *Paris*, 1865, in-8, d.-r., nombreuses planches.

675. Visits to High Tartary, Yärkand and Kàshghar, and return journey over the Karakoram pass, by Rob. Shaw. *London*, 1871, in-8, carte, fig. et planches, perc.

676. Kashmir and Kashghar a narrative of the journey of the embassy to Kashghar in 1873-1874, by H. W. Bellew. *London*, 1875, in-8, perc.

677. Der Russische Feldzug nach Chiwa. — I. Theil-Historische und militairstatistische Uebersicht des Russischen Operationsfeldes in Mittelasien, von Hugo Stumm. *Berlin*, 1875, in-8, avec cartes, d.-r.

678. Reisen in der Mongolei im Gebiet der Tanguten und den Wüsten Nordtibets in den Jahren 1870-1873. Von Prschewalski. *Jena*, 1877, in-8, d.-veau, planches et carte.

679. Recueil d'itinéraires et de voyages dans l'Asie centrale et l'Extrême-Orient, traduits par MM. Scherzer, Leger, Schefer. *Paris, Leroux*, 1878, in-8, d.-veau fauve.

680. Expédition scientifique française en Russie, en Sibérie et dans le Turkestan, par Ch.-Eug. de Ujfalvy de Mezœ-Kœvesd. *Paris, Leroux*, 1878-80. 3 vol. gr. in-8, demi-veau fauve, fig. et cartes.

    I. Le Kohistan, le Ferghanah et Kouldja. — II. Le Syr-Daria, le Zérafchan, etc. — III. Les Bachkirs, les Vepses et les antiquités finno-ougriennes.

681. D'Orenbourg à Samarkand, par Mme de Ujfalvy. (Extr. du Tour du Monde). In-4, fig., cart.

682. Durch Sibirien, eine Reise vom Ural bis zum Stillen Ocean von H. Lansdell. Deutsche Ausgabe von Müldener. *Iena*, 1882, 2 tom. en un vol. in-8, carte, d.-rel.

683. Relation des voyages faits par les Arabes et les Persans dans l'Inde et à la Chine dans le ix⁰ siècle de l'ère chrétienne. Texte arabe et traduction, par Reinaud. *Paris, Imp. Roy.*, 1845, 2 vol. in-18, veau gaufré.

— 63 —

684. Description du Pégu et de l'isle de Ceylan, par W. Hunter, C. Wolf et Eschelskroon, traduite par L. L. *Paris*, 1793, in-8, cart.

685. Description historique et géographique de l'Indostan : par James Rennell, trad. de l'anglais par J.-B. Boucheseiche. *Paris*, an VIII (1800), 3 vol. in-8, veau rac. et atlas, in-4, de onze cartes, d.-r.

686. Voyages dans l'Inde, en Perse, etc., avec la description de l'île Poulo-Pinang, trad. de l'anglais. — Voyage de l'Inde à la Mekke. *Paris*, 1801, in-8, bas.

687. Voyage dans l'Inde, au travers du grand désert par Alep, Antioche et Bassora, par le major Taylor. Traduit par L. de Grandpré. *Paris*, 1806, 2 vol. in-8, carte, cart.

688. Voyages du chevalier Chardin en Perse et autres lieux de l'Orient. Nouvelle édition publiée par Langlès. *Paris*, 1811, 10 vol. in-4, d.-rel. et Atlas in-fol., cart.

689. Relations de voyages en Orient de 1830 à 1838, par Aucher Eloy, revues et annotées par le comte Jaubert. *Paris*, 1843, 2 vol. in-8, carte, d.-maroq. rouge.

690. Voyage à Péking à travers la Mongolie en 1820 et 1821, par G. Timkowski, publié par Klaproth. *Paris*, 1827, 2 vol. in-8, d.-r. et atlas in-4, br.

691. La frontière sino-annamite, description géographique et ethnographique, par G. Devéria. *Paris, Leroux*, 1886, in-8, planches d.-veau fauve.

TURQUIE. — GRANDE-GRÈCE. — DIVERS

692. Voyage en Turquie et en Perse, avec une relation des expéditions de Tahmas Kouli-Khan, par M. Otter. *Paris*. 1748, 2 vol., in-18, d.-r.

693. Voyage dans l'Empire othoman, l'Égypte et la Perse, par G.-A. Olivier. *Paris*, an 9, 3 volumes in-4, veau rac. (Manque l'Atlas).

694. Rumeli und Bosna geographisch beschrieben von Hadschi Chalfa. Aus dem Tuerkischen von J. von Hammer. *Wien*, 1812, in-8, cart., d.-veau ant.

695. Relation des voyages de Sidi Aly, nommé ordinairement

Kalibi Roumi, amiral de Soliman II, écrite en turk, traduite de l'allemand par M. Moris. *Paris*, 1827, in-8, d.-r.

696. Voyage en Turquie et à Constantinople par R. Walsh, trad. de l'anglais par Vilmain et Rives. *Paris*, 1828, in-8. illustré, br.

697. Turquie, par Jouannin. *Paris, Didot*, 1840. in-8, planches d.-rel.

698. L'île de Chypre, sa situation présente et ses souvenirs du moyen âge, par L. de Mas Latrie. *Paris*, 1879, in-18. avec une carte. — Description de l'île de Patmos et de l'île de Samos par V. Guérin. *Paris*, 1856, in-8, br. 2 cartes.

699. Le Mont Olympe et l'Acarnanie, explication de ces deux régions, par L. Heuzey. *Paris*, 1860, in-8, cartes et planches, br.

700. Voyages en Sicile, dans la Grande-Grèce et au Levant, par le baron de Riedesel, suivis de l'histoire de la Sicile, par Le Novaïri. *Paris*, 1802, in-8, d.-r.

701. La Grande-Grèce, paysages et histoire. par François Lenormant. *Paris*, 1881-1884, 3 vol. in-8, br.

702. A travers l'Apulie et la Lucanie, notes de voyage, par F. Lenormant. *Paris*, 1883, 2 vol. in-8, br.

703. Palgrave (W. G.). Une année de voyage dans l'Arabie Centrale, traduit de l'anglais, par E. Jouveaux. *Paris, Hachette*, 1866, 2 vol. in-8, plans, d.-veau fauve.

704. A. W. Greely. Dans les glaces arctiques. Relation de l'expédition américaine à la baie de Lady Franklin (1881-84), trad. par Mme Trigaut. *Paris, Hachette*, 1889, gr. in-8, demi-toile, fig. et cartes.

HISTOIRE

HISTOIRE DE L'ANTIQUITÉ

705. Les Origines de l'histoire d'après la Bible et les traditions des peuples orientaux. Par F. Lenormant. Tome Ier : De la création de l'homme au Déluge. — Tome II, Ire par-

— 65 —

tie. L'humanité nouvelle et la dispersion des peuples.
Paris, 1880-1882, 2 vol., in-8, br.

706. Les migrations des peuples et particulièrement celle des
Touraniens, par De Ujfalvy de Mezo-Kovesd. *Paris*, 1873,
in-8, cartes en couleur, br.

707. Histoire des premiers temps de la Grèce, depuis Inachus
jusqu'à la chute des Pisistratides, par M. Clavier. *Paris*,
1822, 2 vol. in-8, bas.

708. Recherches sur les établissements des Grecs en Sicile
jusqu'à la réduction de cette île en province romaine, par
W. Brunet de Presle. *Paris, Imp. roy.*, 1845, in-8, carte,
demi-mar.

709. La République romaine, ou plan général de l'ancien
gouvernement de Rome, par M. de Beaufort. *Paris*, 1867,
6 vol. in-18, veau.

710. Œuvres de Bartolomeo Borghesi. Tome IX, première
partie. — Nouveaux fragments des Fastes consulaires. —
Deuxième partie. Les préfets de Rome. *Imprimerie nationale*, 1879-1884, 2 vol., in-4, br.

711. Relations politiques et commerciales de l'Empire romain
avec l'Asie Orientale, pendant les cinq premiers siècles de
l'ère chrétienne, par Reinaud. *Paris*, 1863, in-8, 4 cartes. br.

712. Castan (Aug.). Les Capitoles provinciaux du monde
romain. *Besançon*, 1886, in-8, br.

713. Étude historique sur les impôts indirects chez les Ro-
mains, jusqu'aux invasions des barbares, par R. Cagnat.
Imprimerie nationale, 1882, in-8, br., cartes.

GÉNÉRALITÉS

714. Histoire du luxe privé et public depuis l'antiquité jusqu'à nos jours, par H. Baudrillart. *Paris*, 1878-1880, 4 vol.
in-8, br.

715. Histoire universelle, par Agrippa d'Aubigné, publiée
par le baron Alph. de Ruble. Tomes I, II. *Paris*, 1886-
1887, 2 vol. in-8, br.

716. Tableau des révolutions du système politique de l'Europe, depuis la fin du xve siècle, par F. Ancillon. *Paris*,

1806-1807, 7 vol. in-12, grand papier, veau fauve dent.,
tr. dor.

717. Excursions historiques et philosophiques à travers le
moyen âge, par Ch. Jourdain. *Paris*, 1888, in-8, br.

718. Biographie universelle, ancienne et moderne. *Paris,
Michaud*, 1811-1828, 52 vol. in-8. d.-r. — Biographie
des hommes vivants, 1816-1819, 5 vol. in-8, d.-r.

Ensemble, 57 vol.

HISTOIRE DU BAS-EMPIRE ET DE L'ORIENT LATIN

719. Histoire du Bas-Empire, en commençant à Constantin
le Grand, par Le Beau. *Paris*, 1757-1817, 29 vol. in-18,
dont 2 de table, veau.

720. Saint Jean-Chrysostôme et l'impératrice Eudoxie. La
Société chrétienne en Orient, par Am. Thierry. *Paris*,
1872, in-8, d.-veau.

721. Alexii I Comneni Romanorum imperatoris ad Rober-
tum I, Flandriae comitem epistola spuria. (Edidit Comes
Riant). *Generae*, 1879, in-8, pap. vergé, d.-mar. rouge.

722. Exuviæ sacræ Constantinopolitanae. Edidit Comes Riant.
Generæ, 1877-1878, 2 vol. in-8, demi-maroq. rouge.

723. La prise d'Alexandrie, ou chronique du Roi Pierre Ier de
Lusignan, par Guillaume de Machaut, publiée par M. L.
de Mas-Latrie. *Genève*, 1877, in-8, br.

724. Riant (comte). Collection de Mémoires relatifs à l'Orient
Latin, 10 volumes et brochures in-4 et in-8.

Inventaire critique des Lettres historiques des Croisades, I-II, 768-
1100. *Paris*, 1880, in-8, br. — Inventaire sommaire des manuscrits relatifs à l'histoire et à la géographie de l'Orient Latin. — Dépouillement
des tomes XXI-XXII de l'Orbis christianus de H. de Suarez. — La dona-
tion de Hugues marquis de Toscane au Saint-Sépulcre. — Inventaire des
matériaux rassemblés par les Bénédictins au xviiie siècle, pour la publi-
cation des historiens des Croisades. — Le martyre de Thiemon de Salz-
bourg. — Invention de la sépulture des Patriarches Abraham, Isaac et
Jacob à Hébron. — Trois inscriptions rapportées de Constantinople par
des Croisés allemands. — Dernières publications relatives aux Croisades.

725. Archives de l'Orient Latin publiées sous le patronage
de la Société de l'Orient Latin. Tome II. *Paris, Leroux*,
1884, in-8, br., planches.

726. Chronique d'Ernoul et de Bernard le Trésorier, publiée par L. de Mas-Latrie. *Paris*, 1871, in-8, br.

727. Cartulaire des Hospitaliers (ordre de Saint-Jean de Jérusalem) du Velay, publié par Aug. Chassaing. *Paris*, 1888, in-8, br.

728. Annales de l'ordre Teutonique ou de Sainte-Marie-de-Jérusalem, depuis son origine jusqu'à nos jours, par Félix Salles. *Vienne*, 1887, in-8, br.

HISTOIRE DES ARABES

729. **ESSAI SUR L'HISTOIRE DES ARABES** avant l'islamisme, pendant l'époque de Mahomet, et jusqu'à la réduction de toutes les tribus sous la loi musulmane, par A. P. Caussin de Perceval. *Paris*, 1847-1848, 3 vol. in-8, d.-cuir de Russie.

   On a ajouté à l'exemplaire quelques gravures, et relié avec le tome Ier, Enis et Djelis, histoire de la belle Persane, en arabe et en français, et avec le tome III : Mémoire sur Abd allah ben Zobaïr, par Quatremère.

730. Vie de Mohammed, texte arabe d'Abou 'lféda, accompagné d'une traduction française et de notes par A. Noël des Vergers. *Imprimerie royale*, 1837, in-8, d.-v.

731. Traités de paix et de commerce et documents divers concernant les relations des chrétiens avec les Arabes de l'Afrique septentrionale au moyen âge, recueillis par L. de Mas-Latrie. Avec supplément et table. *Paris*, 1868-1872, 2 vol. in-4, br.

732. La nation Druse, son histoire, sa religion, ses mœurs et son état politique par Henri Guys. *Paris*, 1863, in-8, d.-veau.

   Ens. Théogonie des Druses, ou abrégé de leur système religieux, trad. de l'arabe par H. Guys, 1863. — Étude sur les mœurs des Arabes. — Recherches sur la destruction du christianisme dans l'Afrique septentrionale, par H. Guys. 1865.

HISTOIRE DES TARTARES ET DES MONGOLS

733. Tableaux historiques de l'Asie, depuis la Monarchie de Cyrus jusqu'à nos jours, accompagnés de recherches historiques et ethnographiques sur cette partie du monde,

par J. Klaproth. *Paris*, 1826. 1 vol. in-4. et 1 atlas in-fol. de 27 cartes. d.-veau.

734. Magasin Asiatique, ou Revue géographique et historique de l'Asie-Centrale et Septentrionale, par J. Klaproth. *Paris*, 1825-1826. 2 tom. en un vol. in-8. carte, d. maroq.

735. Klaproth (J.). Beleuchtung und Widerlegung der Forschungen ueber die Geschichte der mittelasiatischen Völker des Herrn Schmidt. *Paris*, 1824. — Relation des voyages de Sidi Aly. amiral de Soliman II. trad. du turk, par Moris. 1827. — Klaproth. Rapport sur les ouvrages du P. Bitchourinski relatifs à l'histoire des Mongols. En un vol. in-8. d.-veau ant.

736. Relation des Mongols ou Tartares. par le Frère Jean Du Plan de Carpin. — Publiée par M. d'Avezac. *Paris*, 1838, in-4. carte. d.-rel.

737. Histoire des Mongols de la Perse. écrite en persan. par Raschid-Eldin. publiée. traduite en français. accompagnée de notes par Quatremère. Tome Ier (seul paru). *Paris, imp. roy.*, 1836. in-fol. cart.
(De la collection Orientale. encadrements rouges).

738. Geschichte der Ost-Mongolen und ihres Fuerstenhauses. verfasst von Ssanang Ssetsen Chungtaidschi der Ordus. aus dem mongolischen uebersetzt von J. Schmidt. *Saint-Petersburg*, 1829. in-4. bas. rac.

739. Geschichte der goldenen Horde in Kiptschak. das ist : der Mongolen in Russland. von Hammer-Purgstall. *Pesth*, 1840. in-8, bas. rac.

740. Geschichte der Ilchane, das ist der Mongolen in Persien von Hammer-Purgstall. *Darmstadt*, 1842-1843. 2 vol. in-8. bas. rac.

741. Denkwürdigkeiten über die Mongolei von dem Mönch Shakinth. aus dem russischen übersetzt. von Karl. F. von der Borg. *Berlin*, 1832, in-8, d.-veau. avec une carte.

742. Histoire des Mongols depuis Tchinguiz-Khan, jusqu'à Timour Bey ou Tamerlan. par le baron C. d'Ohsson. *Amsterdam*, 1852, 4 vol. in-8, carte, d.-veau fauve.

743. Histoire généalogique des Tatars traduite du manuscrit tartare d'Abulgasi-Bayadurchan par D**** *Leyde*, 1726. 2 vol, in-18, veau avec 2 cartes.

744. Histoire des Mogols et des Tatares. par Aboul-Ghâzi

Bèhàdour Khan, publiée, traduite et annotée par le baron
Desmaisons. Tome Ier. Texte : Chedjered -i-Turk. *Saint-
Pétersbourg*, 1871, in-8, d.-toile.

745. Histoire des Mogols et des Tatares, par Aboul-Ghàzi
Bèhàdour Khan, publiée, traduite et annotée par le baron
Desmaisons. *Saint-Pétersbourg*, 1874, 2 vol. in-8, d.-veau.

746. Mémoires sur les relations politiques des princes chrétiens et particulièrement des rois de France avec les empe-
reurs mongols, par M. Abel Rémusat. *Imp. royale*, 1822-
1824, 2 part. en un vol. in-4, tableaux, d.-veau.

747. Histoire du grand Tamerlan tirée d'un excellent manuscrit et de quelques autres originaux; très propre à former
un grand capitaine, par le sieur de Sainctyon. *Amsterdam*,
1678, in-12, parchemin.

748. Histoire de Timur-Bec, connu sous le nom du grand Tamerlan, empereur des Mogols et Tartares, écrite en persan,
par Cherefeddin Ali et traduite en français par Pétis de la
Croix. *Paris*, 1722, 4 vol. in-18, cartes, veau.

749. Histoire du grand Genghizcan, premier empereur des
anciens Mogols et Tartares, traduite par Pétis de la Croix.
Paris, 1710, in-12, carte, bas.

750. Histoire de Gentchiskan et de toute la dynastie des Mongols ses successeurs, conquérants de la Chine, tirée de
l'histoire chinoise et traduite par le P. Gaubil. *Paris*, 1739,
in-4, vélin.

751. Mémoires de Baber (Zahir-ed-din-Mohammed), fondateur
de la dynastie mongole dans l'Hindoustan, traduits pour la
première fois sur le texte djagataï, par M. A. Pavet de
Courteille. *Paris*, 1871, 2 vol. in-8, d.-v.

751bis. Le même ouvrage, 2 vol. in-8, br.

752. Mémoires du baron de Tott sur les Turcs et les Tartares.
Amsterdam, 1785, 2 vol. in-4, planches, veau.

753. Histoire du Khanat de Khokand, par V. P. Nalivkine,
traduit du russe par A. Dozon. *Paris, Leroux*, 1889, in-8,
carte, d.-veau fauve.

754. De Ujfalvy. Un royal aventurier dans l'Asie centrale,
1886, in-8. — Revue de philologie et d'ethnographie, 1re année, 1874, in-8, cart. — L'art des cuivres anciens dans
l'Himalaya occidental, 1884, in-4, fig., br.

TURQUIE

755. Das Türkenvolk in seinen ethnologischen und ethnographischen Beziehungen, geschildert von Hermann Vambéry. *Leipzig*, 1885, in-8, d.-veau.

756. TABLEAU GÉNÉRAL DE L'EMPIRE OTHOMAN, divisé en deux parties, dont l'une comprend la législation mahométane, l'autre l'histoire de l'empire othoman, par M. de M*** d'Ohsson. *Paris, de l'Imprimerie de Monsieur,* 1788-1824. 7 vol. in-8, d.-veau, figures.

757. HISTOIRE DE L'EMPIRE OTTOMAN, depuis son origine jusqu'à nos jours, par J. de Hammer. Traduit de l'allemand, par Hellert. *Paris,* 1835-1843. 18 vol. in-8, et atlas in-folio, demi-maroquin rouge.

758. Histoire de l'Empire ottoman, depuis les temps anciens jusqu'à nos jours, par Th. Lavallée. *Paris*, 1855, in-8, planches, demi-chag.

759. Histoire de la campagne de Mohacz, par Kemal Pacha Zadeh, publiée pour la première fois, avec la traduction française et des notes, par M. Pavet de Courteille. *Paris, Imp. impér.*, 1859, in-8, demi-maroq. rouge.

760. Le même, in-8, broché neuf.

761. Mémoires sur l'ambassade de France en Turquie et sur le commerce des Français dans le Levant, par M. le Comte de Saint-Priest. Publié par M. Schefer. *Paris, Leroux,* 1877, in-8, d.-veau fauve.

762. Belin. Essais sur l'histoire économique de la Turquie, d'après les écrivains originaux. *Paris*, 1865. — Notice sur Mir Ali-Chir-Névaï, 1861. — Caractères, maximes et pensées de Mir Ali-Chir-Névaï. 1866. 3 mémoires en un vol. in-8, d.-rel.

PERSE

763. Amœnitates exoticarum politico-physico-medicarum fasciculi V, quibus continentur variae relationes, observationes et descriptiones rerum persicarum, auct. E. Kaempfero. *Lemgoviae,* 1712, in-4, planches, veau.

764. Histoire de la Perse, depuis les temps les plus anciens jusqu'à l'époque actuelle. Traduit de l'anglais de sir John Malcolm. *Paris*, 1821, 4 vol. in-8, carte et planches, demi-veau.

765. La Perse, par M. Louis-Dubeux. *Paris, Didot*, 1841, in-8, d.-r. 86 planches hors texte.

766. Études iraniennes, par J. Darmesteter. *Paris*, 1883, 2 tom. en un vol. in-8, demi-toile.

767. Mémoires historiques et géographiques sur l'Arménie, par M. J. Saint-Martin. *Imprimerie royale*, 1819, tome second seul, in-8, br.

RUSSIE

768. Chronique dite de Nestor, traduite sur le texte slavon-russe avec introduction et commentaire critique, par Louis Leger. *Paris, Leroux*, 1884, in-8, d.-veau fauve.

769. Description historique de l'empire russien, traduite de l'ouvrage allemand de M. le baron de Strahlenberg. *Amsterdam*, 1757, 2 vol. in-18, veau.

770. Histoire des différents peuples soumis à la domination des Russes, par Levesque. *Paris*, 1783, 2 vol. in-12, veau.

771. Sibirische Geschichte von der Entdekkung Sibiriens bis auf die Eroberung dieses Landes, von J. E. Fischer. *Saint-Pétersbury*, 1768, 2 vol. in-8, cartes, bas. rac.

772. Histoire de la Laponie, traduite du latin de Jean Scheffer. *Paris*, 1678, in-4, fig. et planches, veau.

773. Histoire de Kamtschatka, des isles Kurilski et des contrées voisines, traduite du russe, par M. E***. *Lyon*, 1767, 2 vol. in-18, basane, avec une carte.

PAYS DIVERS

774. Histoire d'Attila et de ses successeurs, jusqu'à l'établissement des Hongrois en Europe, par Am. Thierry. *Paris*, 1856, 2 vol. in-8, demi-chag.

775. Les Serbes de Hongrie, par Picot. *Prague*, 1873, in-8, en

2 parties. — Essai historique sur l'origine des Hongrois, par de Gérando. *Paris*, 1844. — Les origines et l'époque païenne de l'histoire des Hongrois, par Ed. Sayous. *Paris*, 1874. Ensemble. 4 vol. in-8, br.

776. Chronique de Moldavie, depuis le milieu du xive siècle jusqu'à l'an 1594, par Grégoire Urechi ; texte roumain avec traduction française, par E. Picot. *Paris, Leroux*, 1878, in-8, carton, toile.

777. Éphémérides Daces, ou chronique de la guerre de Quatre Ans (1736-1739), par Constantin Dapontès, publiée, traduite et annotée par E. Legrand. *Paris, Leroux*, 1880-1888, 3 vol. in-8, d.-veau fauve, avec un portrait.

778. Chronique de Chypre, par Léonce Macheras ; texte grec et traduction française, publié par E. Miller et C. Sathas. *Paris, Leroux*, 1882, 2 vol. in-8, d.-veau fauve.

779. Daru. Histoire de la République de Venise. *Paris*, 1819, 7 vol. in-8, carte, veau rac.

780. Capitulations militaires de la Prusse, étude sur les désastres des armées de Frédéric II, d'Iéna à Tilsitt, par E. Bonnal. *Paris*, 1879, in-8, br.

HISTOIRE DE FRANCE

781. Précis de l'histoire du droit français, par Paul Viollet. *Paris*, 1884-1886, 2 vol. in-8, br.

782. Études critiques sur l'histoire du droit romain au moyen âge, textes inédits, par J. Flach. *Paris*, 1890. in-8, br.

783. Les Recherches de la France d'Estienne Pasquier, conseiller et advocat du Roy en la Chambre des Comptes. *Paris, Louis Billaine*, 1665, in-folio, veau.

784. Chambre des Comptes de Paris. Pièces justificatives pour servir à l'histoire des premiers présidents (1506-1791), publiées par A.-M. de Boislisle. *Nogent-le-Rotrou*, 1873, in-4, cart.

785. Les finances de la France, par R. de Kaufmann, trad. de l'allemand, par MM. Dulaurier et de Riedmatten. *Paris*, 1884. in-8, br.

786. La vie municipale au xve siècle dans le nord de la France, par le baron A. de Calonne. *Paris*, 1880, in-8, br.

787. Histoire de l'Université de Paris au xviiᵉ et au xviiiᵉ siècle, par Ch. Jourdain. *Paris,* 1888, 2 vol. in-8, br.

788. Atlas historique de la France depuis César jusqu'à nos jours, par Aug. Longnon. Livraisons 1 à 3. *Paris,* 1885-1889, 3 fasc. in-fol. et 3 livr. gr. in-8, de texte.

789. Histoire de Bertrand du Guesclin et de son époque, par Siméon Luce. — La Jeunesse de Bertrand, 1320-1364. *Paris,* 1876, in-8, br.

790. Les écorcheurs sous Charles VII, épisode de l'histoire militaire de la France au xvᵉ siècle, par A. Tuetey. *Montbéliard,* 1874, in-8, pap. vergé, br.

791. Les Établissements de Saint-Louis, accompagnés des textes primitifs et de textes dérivés, publiés par P. Viollet. *Paris,* 1881-1886, 4 vol. — Les sources des Établissements de Saint-Louis, par P. Viollet. *Paris,* 1877. — Ensemble, 4 volumes, in-8, br. et une brochure.

792. Boutaric (Edg.). La France sous Philippe le Bel. *Paris,* 1861. — Saint Louis et Alfonse de Poitiers. *Paris,* 1870. — Ensemble, 2 vol. in-8, br.

793. Siméon Luce. Commentaire critique sur quatre années des chroniques de Froissart. *Paris,* 1878, in-8, br. — Chroniques de Froissart, tome VIII, 1ʳᵉ partie, 1888, in-8, br. — Trois discours sur l'histoire de France. — Ensemble 2 vol. et 3 broch.

794. Mémoires inédits de Michel de la Huguerie (1570-1602), publiés d'après les manuscrits autographes, par le baron A. de Ruble. *Paris,* 1877-1880, 3 vol. in-8, br.

795. Tamizey de Larroque, Mélanges en un vol. in-8, demi-chagrin.
> Mémoire sur le sac de Béziers dans la guerre des Albigeois. — Sur Jean Guiton, le maire de La Rochelle. — Vie et ouvrages de Florimond de Raymond. — Observations sur l'histoire d'Eléonore de Guyenne. — L'emplacement d'Uxellodunum. — Louis de Foix et la Tour de Cordouan. — Relation inédite de l'arrestation des Princes (1650) écrite par le comte de Cominges. — Vie de Guy du Faur de Pibrac, par G. Colletet.

796. Mémoires de la vie de Jacques-Auguste de Thou, conseiller d'Etat et président à mortier au Parlement de Paris. Première édition traduite du latin en français. *Rotterdam,* 1711, in-4, veau.

797. Souvenirs du règne de Louis XIV, par le comte de Cosnac. *Paris,* 1866-82, 8 vol. in-8, d.-veau fauve.

798. Mémoires complets et authentiques du duc de Saint-Si-

mon sur le siècle de Louis XIV et la Régence. *Paris,* 1829-
1830. 21 vol. in-8, d.-veau.

799. Mémoires sur la vie privée de Marie-Antoinette, reine de
France et de Navarre, suivis de souvenirs et d'anecdotes historiques sur les règnes de Louis XIV. de Louis XV et de
Louis XVI. par Mme Campan. *Paris,* 1823, 3 vol. in-8, portrait, bas.

800. Histoire de France pendant le xviiie siècle, par Ch. Lacre-
telle. *Paris,* 1819-1826. 14 vol. in-8, bas. rac.

HISTOIRE DES PROVINCES DE FRANCE

801. Histoire des ducs de Bourgogne de la maison de Valois
(1364-1477), par M. de Barante. *Paris,* 1824-1826, 13 vol.
in-8, d.-veau, fig. et cartes.

802. Histoire des ducs et des comtes de Champagne, depuis
le xvie siècle, par d'Arbois de Jubainville. *Paris,* 1859-
1867, 6 tomes en 7 vol. in-8, br.

803. Spicilegium Brivatense. Recueil de documents historiques relatifs au Brivadois et à l'Auvergne, par Aug. Chassaing. *Paris, Imp. nat.,* 1886, in-4, br.

804. Mémoires des comtes du Maine, par Pierre Trouillart,
sieur de Montferré, advocat au Mans. *Au Mans, par Hié-
rôme Olivier, Impr. près Saint-Julian,* 1643, in-16, parchemin.

805. La Borderie (A. de). Histoire de Bretagne, critique des
sources, I, les trois vies anciennes de Saint-Tudual. *Paris,*
1887, in-8. — Etudes historiques bretonnes, 2e série, 1888.
— Recueil d'actes inédits des ducs et princes de Bretagne,
1886. — Etudes bibliographiques sur les chroniques de
Bretagne d'Alain Bouchart. — Géographie gallo-romaine
de l'Armorique. Ensemble 5 vol. et brochures in-8 et in-4.

806. Essai sur la géographie féodale de la Bretagne avec la
carte des fiefs et seigneuries de cette province par A. de
La Borderie. *Rennes,* 1889, in-8, br.

807. Archives de Bretagne, tome II. Complot breton de
M.CCCC.XCII. documents inédits. *Nantes,* 1884, in-4, br.

808. L'Alsace ancienne et moderne, ou dictionnaire topogra-

phique, historique et statistique du Haut et du Bas-Rhin par Baquol. 3ᵉ édition refondue par P. Ristelhuber. *Strasbourg*, 1865, in-8, br., planches noires et en couleur.

CATALOGUES DE MANUSCRITS DE BIBLIOTHÈQUES PUBLIQUES

809. Verzeichniss der türkischen Handschriften der Kœnigl. Bibliothek zu Berlin, von W. Pertsch. *Berlin*, 1889, in-4, cart.

810. A catalogue of the arabic manuscripts in the library of the India Office, by Otto Loth. *London*, 1877, in-4, perc.

811. Catalogue des manuscrits arabes de la Bibliothèque nationale par M. le baron de Slane. *Imprimerie nationale*, 1883, 1ᵉʳ fascicule en 2 vol. in-4, d.-percal.

812. Remarques sur les manuscrits orientaux de la collection Marsigli à Bologne, suivies de la liste complète des manuscrits arabes de la même collection par le baron V. Rosen. *Rome*, 1885, in-4, br.

813. Les manuscrits arabes de l'Escurial décrits par Hartwig Derembourg, tome Iᵉʳ. *Paris, Leroux*, 1884, in-8, br.

814. Manuscritos del Escorial. 12 facsimiles de manuscrits reproduits en photographie. Album in-18, cart.

815. Verzeichniss der persischen Handschriften der Kœniglichen Bibliothek zu Berlin, von W. Pertsch. *Berlin*, 1888, in-4, cart.

816. Catalogue of the turkish manuscripts in the British Museum, by Ch. Rieu. *London*, 1888, in-4, perc.

817. Manuscrits orientaux de la Bibliothèque nationale : Catalogue des manuscrits Hébreux et Samaritains. — Syriaques et Sabéens (Mandaïtes). — Ethiopiens (Ghéez et Amhariques) par J. Zotenberg, 3 vol. in-4, br.

818. Catalogues des manuscrits grecs de Fontainebleau sous François Iᵉʳ et Henri II; publiés et annotés par Henri Omont. *Imprimerie nationale*, 1889, in-4, 2 héliogr., br.

819. Verzeichniss der chinesischen und mandshuischen Bücher und Handschriften der kœn. Bibliothek zu Berlin, verfasst von H. Klaproth. *Paris*, 1822, in-folio, d.-veau.
A la fin : Abhandlung ueber die Sprache und Schrift der Uiguren,

820. Bibliothèque orientale de d'Herbelot. *Paris*, 1697, in-folio, veau fauve, tr. dor. — Supplément de Visdelou et Galand. 1780. in-fol. d.-veau fauve.

CATALOGUES DE VENTES PUBLIQUES

821. Bibliothèque de M. le baron Silvestre de Sacy, avec le complément. *Paris, Imp. roy.*, 1842-1847, 3 vol. in-8, d.-mar. rouge.

822. Catalogue des livres rares et précieux, manuscrits et imprimés de la bibliothèque du baron J. Pichon. *Paris, Potier*, 1869, in-8, d.-maroq. rouge.

823. Catalogue des livres rares et précieux du marquis de Ganay. *Paris, Porquet,* 1881. — Bibliothèque de M. Benzon, 1875, 2 vol. in-8, d.-mar. rouge.

824. Catalogue des livres rares et précieux de la bibliothèque de M. U. Silvestre de Sacy, de l'Académie française. *Paris,* 1878, 2 part. en un vol. in-8, d.-mar. rouge (Prix manuscrits dans la 1re partie).

825. Catalogue des livres rares et précieux de la bibliothèque de M. le comte O. de Behague. *Paris, Porquet,* 1880, 2 part. en un vol. in-8, demi-maroq. rouge.

826. Catalogue des livres précieux, manuscrits et imprimés, faisant partie de la bibliothèque de M. Ambroise-Firmin Didot. *Paris, Labitte,* 1878-1884. 6 vol. in-8, demi-maroq. rouge. (En partie avec les prix marqués à la main.)

827. Catalogue de la bibliothèque de M. Defrémery. *Paris,* 1884, in-8, d.-maroq. rouge.

828. Catalogues Turner, J.-C. Brunet, 1re partie, L. de M. 3 vol. in-8, d.-maroq. rouge. (En partie avec les prix manuscrits.)

829. Catalogue des livres rares et précieux du comte Roger, — du comte d'Es., — de M. Renard, de Lyon, — de M. E. M. B. 4 vol. in-8, demi-maroq. rouge.

830. Collection de 30 catalogues de ventes publiques. 30 volumes in-8, br.

Ventes La Roche Lacarelle, Paulin Paris, Potier: Techener, Lebigre, Thonnelier, Mohl, de Vaux Praslin, Guizot, Noilly, Aderl, Pinart, Graugier de la Marinière, etc.

PUBLICATIONS DE L'INSTITUT DE FRANCE

831. Histoire de l'Académie royale des Inscriptions et Belles-Lettres, avec les éloges des académiciens morts. *Paris*, 1740, 2 vol. in-18, veau.

832. Mémoires de l'Académie des Inscriptions et Belles-Lettres. *Paris*, 1874-1889, 15 vol. in-4, et un atlas de planches in-4, cart.

   Tomes 22, 25 part. 1, 27 en 2 part., 28 en 2 part., 29 en 2 part., 30 en 2 part., 31 en 2 part., 32, part. 1; 33 en 2 parties. Avec un album de planches : Mémoires sur d'anciens sacramentaires par L. Delisle.

833. Notices et extraits des manuscrits de la Bibliothèque nationale, publiés par l'Institut. *Paris*, 1874-1888, 16 vol. in-4, cart.

   Tomes 22, part. 1 ; 23, part. 1 ; 24 en 2 part. ; 25 en 2 part. ; 26 en 2 part. ; 27 2e part. ; 28 en 2 part. ; 29 en 2 part. ; 31, 2e part. ; 32 en 2 part.

834. Mémoires présentés par divers savants à l'Académie des Inscriptions et Belles-Lettres. *Paris*, 1873-88, 6 vol. in-4, cart.

   1re série, tome 7, 2e partie; tome 8. 2e part.; tome 9 en 2 parties. — 2e série, tome 6 en 2 parties.

835. **RECUEIL DES HISTORIENS DES CROISADES**, publié par les soins de l'Académie des Inscriptions et Belles-Lettres. *Paris, Imp. nat.*, 1844-1884, 10 vol. in-folio, demi-toile.

   Historiens occidentaux, 1844-1879, 5 vol. (I à IV d. toile, V, 1re partie, broché.) — Historiens orientaux, 1872-1884, 3 vol. — Documents arméniens, tome I, 1869. — Historiens grecs, 1875-1881, 2 vol.

836. Corpus inscriptionum semiticarum. Pars prima, inscriptiones phœnicias continens. Tomus I. *Paris, Imprimerie nationale*, 1881-88, 4 fasc. en 1 vol. in-4 carton, et 4 fasc. de planches in-4, carton. — Pars quarta. Inscriptiones himyariticas et Sabæas continens. Tomus I, fasciculus primus. *Ibid.*, 1889, 1 fasc. de texte in-4, br. et 1 fasc. de planches in-4, carton. Ens. 5 fasc. de texte et 5 fasc. de planches.

837. Académie des Inscriptions et Belles-Lettres, Compte-rendu des séances, depuis 1869 jusqu'à juin 1889. 20 volumes in-8, cartonnés et 3 livraisons, br.

838. Histoire littéraire de la France, publiée par l'Institut. *Paris*, 1873-1888, 5 vol. in-4, cart.

   Tomes 26, 27, 28, 29, 30.

839. Institut de France. Recueil des discours lus à l'Académie française 1870-1879 1ʳᵉ partie. — Mémoires de l'Académie des sciences morales. Tomes 14 en 2 part. et 15. Ens. 4 vol. in-4, br.

840. Dictionnaire de l'Académie des Beaux-Arts, tome Iᵉʳ en 3 livraisons, tome II en 4, tome III en 4, tome IV en 3, tome V, 1ʳᵉ livraison. *Paris,* 1858-1887. Ensemble, 15 livraisons in-8, avec nombreuses planches, br.

841. L'Institut de France. Lois, statuts et règlements concernant les anciennes Académies et l'Institut de 1635 à 1889. Tableau des fondations, par M. Léon Aucoc. *Paris, Imp. nat.,* 1889, in-8, br.

———

A LA FIN DE LA TROISIÈME VACATION, IL SERA VENDU EN LOTS ENVIRON 400 VOLUMES DE LITTÉRATURE.

TABLE DES MATIÈRES

Le Puy. — Imprimerie Marchesson fils.

PRINCIPALES PUBLICATIONS

DE

M. CHARLES SCHEFER

Membre de l'Institut, Professeur de Persan à l'Ecole des Langues Orientales vivantes.

ABDOUL KÉRIM. Histoire de L'Asie Centrale (Afghanistan, Boukhara, Kiva, Khoqand) depuis les dernières années de Nadir-Chah (1153) jusqu'en 1233 de l'hégire (1740-1818), par Mir-Abdoul-Kerim-Boukhary, texte persan publié par Ch. Schefer, in-4 . 15 fr

— Le même. Traduction française, introduction et appendice, gr. in-8, avec carte. 15 fr

RIZA KOULI KHAN. Récit de l'ambassade au Kharezm texte persan, in-8. . . 15 fr·

— Le même ouvrage, traduit en français, avec introduction et notes, 1877, in-8, avec carte . . . . 15 fr.

SAINT-PRIEST. Mémoires sur l'ambassade de France en Turquie et sur le commerce des Français dans le Levant, par le comte de Saint-Priest, ambassadeur du roi à Constantinople (1768-1783) suivis du texte des traductions originales des capitulations, et des traités conclus avec la sublime Porte ottomane. Avec une introduction. Un beau vol. in-8 . . . . 12 fr.

— Le même, papier vergé. . . . . 20 fr·

ITER PERSICUM ou description du voyage en Perse entrepris en 1602 par Etienne Kakasch de Zalonkemeny ambassadeur de l'empereur Rodolphe II à la cour du grand-duc de Moscovie et près de Chah Abbas, roi de Perse. Relation rédigée en allemand par Georges Tectander von der Jabel. Traduction publiée et annotée. In-18, avec portrait et carte . . . . 5 fr.

RECUEIL D'ITINÉRAIRES et de voyages dans l'Asie Centrale et l'Extrême Orient. — Journal d'une mission en Corée. — Mémoire d'un voyageur chinois dans l'empire d'Annam. — Itinéraire de l'Asie Centrale. Itinéraire du moyen Zerafchan. — Itinéraires de Pichaver à Kaboul, de Kaboul à Quandahar et de Quandahar à Hérat. Beau vol. in-8, avec carte . . . . , 15 fr.

NASSIRI KHOSRAU. Relation de son voyage en Perse, en Syrie et en Palestine, en Egypte et en Arabie (1043-1049). Texte persan, publié, traduit et annoté, beau volume in-8, avec 4 chromolithographies . . . . 25 fr.

JOURNAL D'ANTOINE GALLAND, pendant son séjour à l'ambassade de France a Constantinople, publié et annoté. 2 beaux volumes in-8, avec fig . . . . . . 25 fr.

CHRESTOMATHIE PERSANE, composée de morceaux inédits avec introduction. 2 vol in-8 . . . . 30 fr·

RECUEIL DE VOYAGES ET DE DOCUMENTS POUR SERVIR A L'HISTOIRE DE LA GÉOGRAPHIE depuis le XIIIe jusqu'à la fin du XVIe siècle :

LE VOYAGE DE LA SAINTE CYTÉ DE HIÉRUSALEM (1480). Gr. in-8. . . 16 fr.

— Le même, papier de Hollande. . , ... 25 fr.

LES NAVIGATIONS DE JEAN ET RAOUL PARMENTIER, de Dieppe. Gr. in-8. 16 fr.

— Le même, papier de Hollande . . . . 25 fr.

LE VOYAGE ET ITINÉRAIRE DE OULTREMER faict par frère Jehan Thenaud. Et premièrement d'Angoulesmes jusques au Caire. (1512). Gr. in-8 . . . . . . 25 fr.

— Le même, papier de Hollande. . . . . 40 fr.

LE VOYAGE DE MONSIEUR D'ARAMON, ambassadeur pour le roi en Levant, escrit par noble homme Jean Chesneau. Gr. in-8, avec planches . . . . 20 fr.

— Le même, papier de Hollande. . . . . 20 fr.

LES VOYAGES DE LUDOVICO DI VARTHEMA, ou le Viateur en la plus grande partie de l'Orient. Gr. in-8, avec carte. . . . . 30 fr.

— Le même, papier de Hollande . . . . 40 fr.

LE VOYAGE DE LA TERRE SAINTE, composé par maître Denis Possot et achevé par Messire Charles Philippe (1532). In-8, planches et cartes . . . . 30 fr.

— Le même, papier de Hollande. . . . . 40 fr.